中公文庫

# 命令の不条理

## 逆らう部下が組織を伸ばす

菊澤研宗



中央公論新社

# 目次

# 命令の不条理

逆らう部下が組織を伸ばす

# 文庫版のまえがき

本書は、二〇〇七年に『「命令違反」が組織を伸ばす』というタイトルで、光文社から新書として出版されたものである。当時、「命令違反」というタイトルがあまりにも過激だったため、ビジネスパーソンが社内で本を開きにくい本だったようである。上司に見られたくない。会社の補助で購入しづらい。こういったご意見を多くいただいた。

こうしたこともあって、今回、タイトルを『命令の不条理』に変えて、中公文庫として出版されることになった。出版不況といわれ、多くの書籍が消えていく中、本書が再び文庫版として復活することは、筆者としては誠に嬉しく、有難いことである。

さて、本書は、すでに中公文庫として出版されている『組織の不条理 日本軍の失敗に学ぶ』（二〇一七年）に続く、いわゆる「不条理シリーズ」の第二冊目に位置づけられる本である。前著『組織の不条理』では、日本軍は非合理的だったので失敗したのではなく、逆に日本軍は合理的に失敗したこと、それゆえ人間の合理性こそが日本軍の失敗の本質であったと主張した。

　これまで、組織は合理的に成功するか、非合理的に失敗するかといった二分法的見方が常識であったが、第三の現象として「合理的失敗」つまり不条理が存在することを明らかにした点で、多くの読者が『組織の不条理』に注目してくれた。そして、読者から、なぜ組織は合理的に失敗するのか、その説明については成功しているとのご意見をいただいた。しかし、どのようにして組織の不条理を回避できるのか。どうすれば組織の不条理から脱出できるのか。これについては、議論が抽象的で実践的な方法が示されていないとのご批判をいただいた。

　このような指摘に対して、本書では、問題をより現実的なものとして扱うために、上司から明らかに非効率的あるいは不正な命令や指示を受けたとき、部下はどうすべきかという不条理な状況を問題として想定した。そして、問題をこのようにとらえるとき、思い出されるのは、あのナチスドイツのユダヤ人問題課長であったアドルフ・アイヒマンである。アイヒマンは、ヒトラーの「最終解決」（ユダヤ人絶滅）という命令に従い大量のユダヤ人を虐殺した人物である。彼は、戦後、亡命先のブエノスアイレスで捕らえられ、イスラエルのエルサレムで裁判にかけられ、死刑となった。

　裁判において、アイヒマンは一貫して自分は命令に従っただけで、一度も自ら命令したことはないと主張し続けた。確かに、彼にはユダヤ人に対する根源的な悪意はなく、ただ命令に従っただけであり、それが大量のユダヤ人虐殺に導かれるという組織の不条理をもたらしたのである。

このような不条理を回避するにはどうしたらいいのか。その解決方法の一つが、本書で扱う「命令違反」なのである。命令違反が組織の不条理を阻止し、組織を成長させる可能性がある。

しかし、このような回答はあまりにも唐突で過激なので、再び読者から馬鹿げている、あるいは非現実的だとお叱りをうけるかもしれない。もちろん、命令違反といっても、そのやり方には、以下のように様々な方法が存在する。

（1）命令に対して公然と正面から反論する過激な方法。
（2）命令されてもひたすら我慢して動かないようにする方法。
（3）命令を上手にやり過ごしたり、意図的に見過ごしたりする方法。

いずれにせよ、このような方法によって、人間組織が不条理に陥ることを回避できる可能性がある。そして、何よりもこのような部下の行動を許容するようなマネジメントが必要なのである。これによって、組織は健全化し、成長することさえ可能となる。

いま、不幸なことにウクライナとロシアの間に紛争が起こっている。最終手段として、ロシアのプーチン大統領が核爆弾の使用を命令するかもしれない。このとき、はたしてロシア軍はその命令に忠実に従うのだろうか。私自身は、何らかの形で命令違反を起こすのではないかと信じている。

本書も、前著『組織の不条理』と同様に日本軍の事例を用いているが、理論に関しては新制度派経済学に加えて、最新の心理学的な行動経済学や法と経済学を新しく用いている。本書の試みがはたして成功しているのかどうか。読者のみなさんの判断にゆだねたい。

二〇二二年九月　三田山上にて

菊澤研宗

# 序　章　人間は限定合理的な存在である

## 条理な失敗と不条理な失敗

失敗から新たな知識を学ぼうという失敗学、その権威である畑村洋太郎氏によると、失敗とは、「人間が関わってひとつの行為を行ったときに、予期せぬ、望ましくない結果が生じること」だと定義されている。そして、その主な原因は、①無知、②不注意、③手順の不順守、④誤判断、⑤調査・検討の不足、⑥制約条件の変化、⑦企画不良、⑧価値観不良、⑨組織運営不良、⑩未知、だという。

いずれの原因も、人間の不完全性に起因するものだ。人間は不完全な存在なので、不完全な行為をした結果、予期せぬ結果が生み出される。それが失敗だということらしい。だから、人間の不完全性をできるだけ緩和するようなやり方が、失敗学の手法となる。

しかし、このような失敗は、私の言葉でいえば、「条理な失敗」だ。

人間が関わる重大な失敗の多くは、良くない結果が生まれることを十分知りつつ、なぜか失敗に突き進んでしまうような、そんな失敗である。つまり、世の中には、単なる無知や不注意だけでは説明できないような失敗もあるのだ。

私は、このような失敗を「不条理な失敗」と呼んでいる。それは、「人間がある行為を行ったときに、ある程度予期できたにもかかわらず、望ましくない方向に導かれた結果生じること」と定義できる。そして、人間が関わる重大な失敗の多くは、無知や非合理性によってもたらされたというより、むしろ合理的に起こるものだ。

## 無知で非合理の結果?

人間が関わる失敗ということについては、現代の日本では、官民問わず不祥事や事件が起き、話題になりやすい。これらの不祥事や事件に対して、メディアは、まったく「無知」で「非合理」な行為であると強く非難しがちである。しかし、これらは、本当に「無知」や「非合理」に起因するものなのだろうか。

不祥事や事件に関わった者たちが、無知で非合理だった、というのは簡単だ。しかし、そう口にしてしまうと、今度は、彼らは神のように全知かつ完全合理的であるべきだった、という実現不可能なことをいわざるをえなくなるだけだ。こうして、事例から何も学びとることなく、空《むな》しさとともに忘れ去られていくことになる。

## 旧日本軍は「無知」で「非合理」で「馬鹿げた考え」を持っていたのか

これと同じ思いにさせられるのは、あの悲惨な太平洋戦争だ。現在では、誰もが、あの戦争は、勝ち目のない無謀な戦争であったことを知っている。そして、そんな戦争をもたらしたのは、旧日本軍の「無知」で「非合理」で「馬鹿げた考え」だったと思っている。

しかし、本当にそうなのだろうか。

たとえば、旧日本軍の上層部は敵について、まったく無知だったのか。だが、連合艦隊を率いた山本《やまもと》五十六《いそろく》はハーバード大学に留学していたし、ミッドウェー海戦で活躍した山《やま》口《ぐち》多聞《たもん》もプリンストン大学に留学していた。いずれも、米国の名門だ。硫黄島戦の指揮官・栗林《くりばやし》忠道《ただみち》中将や沖縄戦の秀才参謀・八《や》原博通《はらひろみち》大佐も駐米武官として長らく米国に滞在し、米国通であった。それゆえ、敵について無知だったとは思えない。

では、戦争に対する見通しが甘かったのか。これについて、旧日本軍の上層部は、当時、開戦イコール敗戦になるということをある程度知っていた。陸軍軍務局長の武藤《むとう》章《あきら》中将などは、開戦前に「海軍の方から『戦争はしたくない』といってくれ」と頼んだりしてもいた。

これらのことを考慮すると、旧日本軍は「無知」で「非合理」で「馬鹿げた考え」を持っていたとは、単純にいえないように思われる。もし彼らのことをそういうなら、彼らは神のように全知かつ完全合理的であるべきだったという、官民の事件や不祥事のときと同様の実行不可能なことをいわざるをえなくなってしまう。それでは、あの戦争から学びとることはなにもなく、後に残るのは空しさだけだ。

## 限定合理性

そんな空しさから解放され、事件や不祥事、そしてあの戦争から何かを学びとるためには、これらの事例に対する基本的な見方や考え方を変える必要がある。

従来の見方や考え方の裏側を探ってみると、無意識のうちに、「自分は無知でも非合理でもなく、全知でかつ合理的である」という「完全合理性」の立場に立って現実を分析していることがわかる。その上で、失敗や不祥事を犯した者を批判しているのだ。

しかし、現実には完全な人間などいない。人間はみんな不完全な存在だ。まずはそのことを認識し、自覚する必要がある。その上で、人間の情報認識能力は限定されており、人間はそこで得た不完全な情報の中でのみ合理的に行動するという「限定合理性」の仮定に立って、事例を分析する必要があるのだ。

この限定合理性という考えに立ってみると、人間は必ずしも無知で非合理だから、失敗するのではないことがわかる。先に挙げた事件や不祥事も、実はこの限定合理的な人間が不完全な情報の中で不正であることを十分知りつつ、組織や企業のためと思い行動した結果起きたものが意外に多いのだ。

## 二つの不条理

現代の組織には、さまざまな不条理が渦巻いている。しかし、その本質をたどれば、次に挙げる二つのタイプの不条理に行き当たる。

### ●〈タイプI〉の不条理

第一のタイプは、正当性と効率性の不一致が生み出す不条理である。限定合理的な世界では、倫理的に正当なことと経済的に効率的なことは必ずしも一致しない。つまり、組織倫理的に正しいことと経済的に無駄がないことが一致しないのだ。

組織内では、しばしば上司から部下に対して非効率な命令がなされる。このとき、部下はどうすべきか。上からの命令に忠実に従うことは組織倫理的には正しいのだが、その結果、組織内に非効率が発生する。逆に、上からの非効率的ではあるが正当な命令を無視して組織にとって効率的な結果をもたらせば、それは組織倫理的には不正となる。

この場合、一般に、組織のメンバーである部下は、合理的に、非効率な上司の命令に従うことになるだろう。しかし、その行動はもともと非効率なので、そのために組織はやがて自滅に導かれることになる。つまり、このような不条理な命令によって、組織はわかっていても自滅に進まざるをえない結果となる。

### ●〈タイプⅡ〉の不条理

もう一つの不条理とは、私的個別性と社会的全体性の不一致が生み出す不条理である。限定合理的な世界では、しばしば〈私的利益・正当性〉と〈社会的利益・正当性〉とが一致しない。

たとえば、部下が上司から明らかに反社会的で非効率かつ不正な、つまり不条理な命令を受けた場合、一般に組織のメンバーである部下は、合理的に、社会全体の利益や社会倫理を捨てて、個別組織の私的利益を優先することになるだろう。

しかし、このような行動は、社会全体としては非効率かつ不正であるので、最終的にそうした行動をとる組織は、その反社会性ゆえに社会システムによって淘汰《とうた》されることになる。たとえば、巨額の不正経理・不正取引を行った米国のエネルギー関連企業のエンロンや、国のＢＳＥ対策を悪用して牛肉産地偽装事件を引き起こした雪印食品は、いずれも社会的な信用を失墜させた結果、それぞれ二〇〇一年と二〇〇二年に会社が破綻《はたん》する事態にまで追い込まれた。しかし、それは、わかっていても従わざるをえない組織の不条理な命令の結果にほかならないのである。

## 不条理な失敗からの脱出はいかにして可能か

以上のような二つのタイプの不条理は、人間が限定合理的であるがゆえに陥《おちい》る不条理である。そしてこれらが、現代日本で、多発している組織の事件や不祥事の本質であるようにも思われる。実際この状態に陥ると、結果的に組織は自滅するか淘汰されることになる。

では、いかにして、これらの不条理を回避できるのか。これについては、さまざまな方法が考えられるだろうが、私の答えは、簡単だ。「命令違反」である。これがファイナル・ソリューション（最終解決）だ。

不条理に満ちた現代の組織には、ファイナル・ソリューションとして命令違反する道徳的勇気と、命令違反を許容する柔軟なマネージメントが必要なのである。このことを、私は本書で明らかにしたいと思っている。

とくに本書では、その本質を明確に、かつ鋭く描き出すために、不条理現象の極端な事例が多く見られる太平洋戦争を中心とする旧日本軍の行動に注目してみたい。

本書の簡単な流れを記すと、次のようになる。

（1）まず第Ⅰ部では、〈タイプⅠ〉の不条理に陥った最悪の事例としてインパール作戦を、続いて、〈タイプⅡ〉の不条理に陥った最悪の事例としてガダルカナル戦を取り上げてみたい。

（2）第Ⅱ部では、〈タイプⅠ〉の不条理を回避するためには、すべての命令違反が許されるのではなく、ある条件を満たす命令違反だけがファイナル・ソリューションとして許されることを、ペリリュー島の戦闘での中川州男《なかがわくにお》の「良い命令違反」とノモンハン事件での辻政信《つじまさのぶ》の「悪い命令違反」とを比較しながら論じてみたい。

（3）第Ⅲ部では、〈タイプⅡ〉の不条理において、第Ⅱ部と同様の試みを、ミッドウェー海戦での山口多聞の「良い命令違反」とレイテ海戦での栗田健男《くりたたけお》の「悪い命令違反」について行ってみたい。

（4）結章では、ファイナル・ソリューションとしての命令違反と、それをマネージメントすることが組織の不条理を回避し、組織を存続させるだけではなく、イノベーションも生み出し、価値創造的に組織を進化させる原動力にもなることを説明してみたい。

# 第Ⅰ部　二つの組織の不条理

# 第1章 〈タイプⅠ〉の不条理――インパール作戦での牟田口廉也

組織の不条理現象には、序章で述べたように二つのタイプがある。「正当性と効率性の不一致が生み出す」〈タイプⅠ〉の不条理と「私的個別性と社会的全体性の不一致が生み出す」〈タイプⅡ〉の不条理である。本章では、まず〈タイプⅠ〉の不条理について説明してみたい。

その典型的な事例として、太平洋戦争末期に実行された日本軍のインパール作戦を取り上げる。三個師団八万五〇〇〇人の日本軍を飢餓《きが》と弾薬不足によってジャングルの泥濘《でいねい》のうちに白骨化させたインパール作戦は、戦史上、最悪の作戦といわれ、兵站《へいたん》や自然条件を完全に無視したまったく異常で杜撰《ずさん》なものであった。

しかし、この異常な作戦行動は、実は人間の非合理性によってもたらされたものではなく、むしろ合理的に展開された可能性がある。それゆえ、このような作戦行動は一回かぎりの特殊なケースではなく、実は現代でも十分起こりうる可能性があるのだ。

このことを、二〇〇二年にノーベル経済学賞を受賞したD・カーネマンや二〇一七年にノーベル経済学賞を受賞したR・H・セイラーたちによって展開された最新の行動経済学を用いて理論的に分析してみたい。そのために、以下、まずこのインパール作戦について簡単に紹介することからはじめよう。

## (1)インパール作戦

### 牟田口廉也

昭和一六(一九四一)年一二月八日、日本は米英に宣戦布告し、一方で日本陸軍(以下、陸軍のみと表記)がマレー半島コタバルに上陸、他方で日本海軍(以下、海軍のみと表記)が真珠湾を攻撃することによって太平洋戦争は幕を開けた。

このうち、陸軍の行動に注目すると、まず一二月二五日のクリスマスに香港を、続いてフィリピン・マニラを占領した。さらに、シンガポールを、そしてビルマ(現ミャンマー)の首都ラングーン(現ネーピードー)を予想をはるかに超えた速さで占領していった。

これらの戦いで、常に陸軍の最前線にいたのが牟田口廉也《むたぐちれんや》中将だった。彼は最前線で戦い、戦歴を重ね、予想外の成功を収めていった。とくに、ラングーン占領のときには、数の上では英軍の方が圧倒的に有利であったため、日本軍は一瞬攻撃に躊躇《ちゅうちょ》したが、陸軍伝統の白兵《はくへい》突撃（軍刀・銃刀をもって斬り込むこと）によって英軍をパニックに陥れたのである。

## インド侵攻作戦

こうして太平洋戦争の緒戦において、日本軍が破竹の勢いで勝ち進んでいく中、陸軍の南方軍では当初の計画にはなかったインドへの侵攻作戦が浮上していた。

しかし、この南方軍の作戦計画はあまりにも杜撰だったため、大本営は「二一号作戦」の名のもとに、改めてインド侵攻作戦の再検討と準備を南方軍に指示した。これを受けて、寺内寿一《てらうちひさいち》南方軍総司令官は、その準備をビルマ方面の飯田祥二郎《いいだしょうじろう》第一五軍司令官に指示した。

しかし、この作戦の実行に不同意を唱えたのが、当時、現地軍第一五軍の第一八師団長だった牟田口中将であった。というのも、この作戦を遂行するには、あまりにも険しい自然が目の前に横たわっていたからである。

その場所はヒマラヤの尾根にあたり、そこには三〇〇〇メートル級のアラカン山系が幾重にも横たわっていた（図表１－１）。まさに世界でも屈指の未開、密林地帯で、大軍が

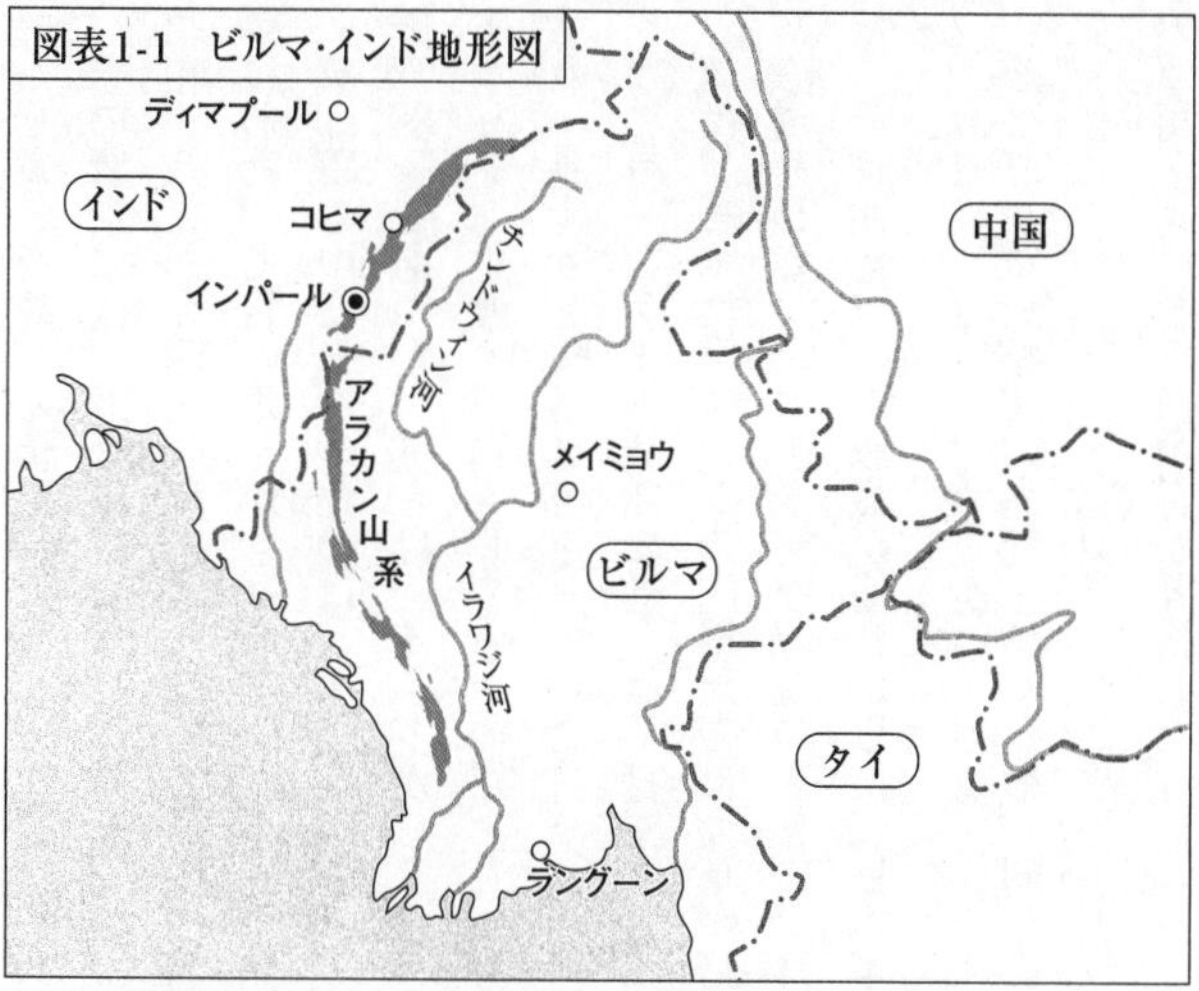

図表1-1　ビルマ・インド地形図

移動するにはあまりにも険しい地形だった。しかも、ジャングル化したその一帯は、コレラ、悪性のマラリア、チフス、そして赤痢菌《せきりきん》の巣でもあった。

そうした状況であったことに加えて、南太平洋のガダルカナル島やニューギニア方面の戦局が徐々に悪化しはじめ、大本営の関心も次第にこれら南太平洋の島々に移ったため、インド侵攻作戦の無期延期が南方軍に伝えられた。

## ビルマ防衛構想の再検討

しかし、再び「ウ号作戦」の名のもとに、インド侵攻作戦が浮上してくることになる。それは、戦局が悪化し、日本軍にとってこれまで比較的平穏に推移していたビルマをめぐる情勢が大きく変化しはじめたからである。

その背景には、連合軍によるビルマ奪回のための準備が徐々に本格化したことがあった。昭和一八（一九四三）年二月には約三〇〇〇名の英印軍が中部ビルマに突然現れ、一ヶ月半にわたって日本軍をかき回すという事件が発生したのである。

英印軍の中心となったのは、ゲリラ戦の天才といわれたウィンゲート少将率いる英国の挺身《ていしん》部隊であった。彼らは、インドから三〇〇〇メートル級のアラカン山系を越え、チンドウィン河を渡って進入してきたのだ。しかも、補給は必要に応じて飛行機から空中投下され、地上から無線誘導されていた。

このウィンゲート旅団の進入は、日本軍に強い衝撃を与えた。というのも、それまで日本軍は、ビルマ・インドの国境地帯は大軍が踏破できる地形ではないと考えてきたからである。そして、この基本的な認識のもとに、日本軍のビルマ防衛構想は展開されていたのだ。それゆえ、この認識が崩れた以上、日本軍はビルマ防衛構想を再検討せざるをえなくなった。

そこで、新たな防衛体制を築くため、同年三月下旬にビルマ方面軍が新設された（図表1－2）。そして、その司令官に河辺《かわべ》正三《まさかず》中将が就任、その隷属下に第一五軍が入り、その軍司令官に牟田口中将が昇格した。

図表1-2　インパール作戦をめぐる組織図

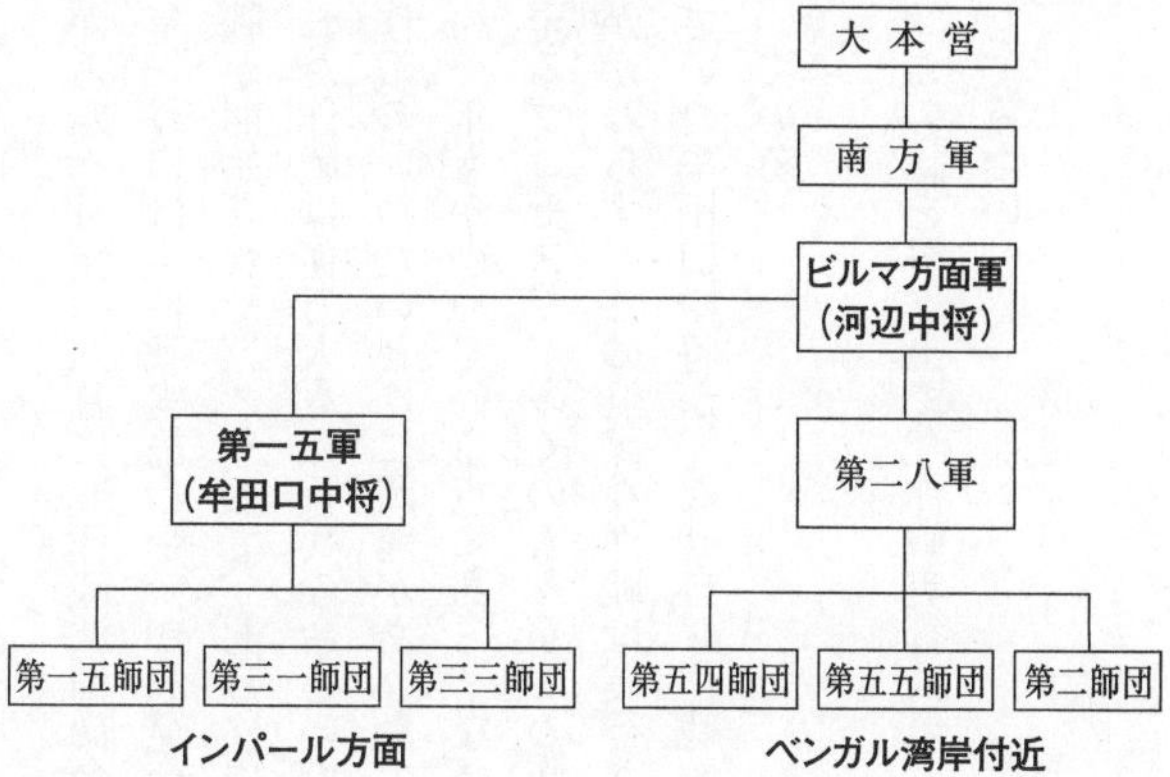


この新しい組織において、北部および中部ビルマの防衛・作戦指導は、主に牟田口中将率いる第一五軍に任された。これに対して、河辺中将率いるビルマ方面軍は第五五師団を直轄として、主にビルマの独立準備や対インド工作などの政戦略全般にあたることになった。

## 牟田口の翻意

こうした戦局と組織変革から、大戦当初、インド進攻作戦に最も激しく反対していた第一五軍司令官牟田口中将が、突然、これまでの受動的防衛構想には限界があると主張しはじめ、昭和一八年四月、攻撃的防衛構想の旗印のもとに英印軍の根拠地であるインパールを攻略する作戦を提唱したのである。

それから四ヶ月後の八月に「作戦準備命令」が、さらにその五ヶ月後の昭和一九（一九四四）年一月には「作戦実施命令」が、発令されることになる。その結果、二ヶ月後の三月に作戦が開始された。こうして、七月に作戦中止命令が出されるまで、陸軍史上、最悪といわれた作戦は何万人もの将兵の命をいたずらに死へと至らしめたのである。

この作戦のいったいどこに問題があったのか。それは作戦が提案されてから実行に至るまでに約一年もかかっている点にある。なぜこれほど時間がかかったのか。それは、作戦実行に至るプロセスで、多くの人々がこの作戦に反対していたからだ。にもかかわらず、この無謀な作戦は実行された。なぜか。また、当初、この作戦に強く反対していた牟田口中将が、なぜ自ら作戦を復活させ提案してきたのか。いまだに歴史の謎となっている。

以下、この謎を解く上で、作戦実行に至る意思決定プロセスを三つに分けて、より詳しく考察してみたい。

## 作戦実行への意思決定プロセス——第一段階

第一段階は、第一五軍司令官に牟田口中将が昇格し、インパール作戦を提案するまでのプロセスである。

牟田口中将は、先に述べたように、当初、インド侵攻作戦に強く反対していた。しかし、英国のウィンゲート部隊の出現により、北部ビルマが必ずしも作戦の実行が不可能な環境ではないことを悟り、作戦の再現を考えた。すなわち、敵を迎え撃つ受動的な防衛構想ではなく、逆にこちらからインドへ渡って、インパールを制圧する攻撃的な防衛構想を抱きはじめたのだ。

牟田口廉也

功名心の強い牟田口中将は、当時、大将への昇進を強く望んでいた。また気性も激しく、実際にはビルマの防衛ではなく、できればインドのアッサム州ディマプールにまで侵攻したいという強い願望を持っていたのだ。

さらに、彼は自分が昭和一二（一九三七）年七月に起きた盧溝橋《ろこうきょう》事件の当事者であることを認めた上で、新聞記者たちに対して、次のように豪語していた。

「大東亜戦争は、いわば、わしの責任だ。盧溝橋で第一発を撃って戦争を起こしたのはわしだから、わしが、この戦争のかたをつけなければならんと思うておる」

このようにして、牟田口中将はインパール作戦の正当性を主張しはじめたのだ。

彼が正式な場でこの作戦を口にしたのは、昭和一八（一九四三）年四月に開かれた師団長会議であったといわれている。このとき、この作戦に対して、陸軍では珍しく補給出身の参謀で、当時、「兵站の神様」と呼ばれていた小畑信良《おばたのぶよし》第一五軍参謀長が、反対の意を唱えた。補給困難を理由に、この作戦は実行不可能であると判断したのだ。

小畑参謀長の冷静な判断によると、第一五軍の補給・輸送能力は乏しく、大軍が橋のないチンドウィン河を渡り、アラカン山系を越えてインパールに侵攻するのは不可能であり、もしこの作戦を実行すれば、食料と武器の補給が続かず、数万人の将兵を無駄死にさせることになるということだった。また、作戦に参加予定の三つの師団の師団長、すなわち第一五師団山内正文《やまうちまさふみ》中将、第三一師団佐藤幸徳《さとうこうとく》中将、そして第三三師団柳田元三《やなぎだげんぞう》中将も、食料と弾薬の補給困難を理由に牟田口中将と対立した。

なかでも、陸軍士官学校二六期を首席で卒業し、陸軍大学校三四期でも成績優秀者として天皇から軍刀を授与された恩賜《おんし》軍刀組の柳田中将は、当初からこの作戦に強く反対していた。ソロモン、ニューギニア、そして太平洋の戦訓からして、航空戦力の劣勢と補給能力を欠くインパール作戦は必ず失敗すると明言していたのである。合理主義者である柳田中将は、信念で押し通す牟田口中将とははじめから肌があわなかったのだ。

　また、山内中将も牟田口中将とはまったく肌があわなかった。彼は陸軍では珍しく米国の陸軍参謀学校を卒業し、米国駐在武官も務めた知性派であった。海外勤務がなく、野戦指揮官の経験だけを自負し、自分勝手に周囲の人間を怒鳴りつける牟田口中将の粗野な態度を、山内中将は日頃から不快に思っていた。

　そして、佐藤中将もまた牟田口中将に反感を持っていた。佐藤中将は、牟田口中将と同様に、日華《にっか》事変、張鼓峰《ちょうこほう》事変、ノモンハン事件で勇将ぶりを発揮した実践派の軍人であった。しかし、彼は、この作戦の無謀さから、牟田口中将は自分の部隊である第三一師団を最後は犠牲にするのではないかという疑念を抱いていたのだ。

　このような組織上の齟齬《そご》や確執だけではなく、当時、日本軍には、ウィンゲート旅団のように物資を空中投下できるような飛行機がまったくなかった。また、自動車もごくわずかにしか保有していなかった。さらに、インパール周辺には道路らしい道路がなく、人力に頼るには、その地形はあまりにも険しいものであった。ここに一度踏み込んだが最後、兵士は後戻りができなくなる恐れがあった。

人間関係が破綻している上に、継続的な補給も不可能な状況の下、作戦を遂行することは、無駄死にさせるために多数の将兵を彼の地《か》へと追いやるに等しかった。それゆえ、このことをすぐに見抜いた上部機関であるビルマ方面軍、南方軍、そして大本営の各作戦参謀たちも、インパール作戦は実行不可能であると主張したのである。

しかし、こうした動きに対して、牟田口中将は、小畑参謀長を必勝の信念に欠ける臆病者と批判し、赴任後、わずか一ヶ月半で更迭《こうてつ》してしまった。この強引な人事によって、牟田口中将の作戦に対して、多くの人々は口を噤《つぐ》むようになったといわれている。

また、牟田口中将は「不可能を可能にすることこそが軍人の本務だ」と豪語し、「インパールは三週間で占領できる」と強く主張した。そして、「補給は現地調達すればいい」と譲らなかった。彼は、中国戦線の際に身につけた、行く先々で民家や畑から食料を奪うという方法に、どっぷりつかっていたのである。

「もともと本作戦は普通一般の考え方では、初めから成立しない作戦である。糧は敵によることが本旨である。各兵団はその覚悟で戦闘せねばならぬ。敵と遭遇すれば銃口を空に向けて三発撃て、そうすれば敵はすぐに投降することになっているのだ」

これが中国で戦ってきた牟田口中将の自信だったのだ。

牟田口中将はさらに、自分の作戦に反対する師団長たちに対しては、「それでも軍人か、それが戦場の師団長のいいぐさか」とか、「この軍隊は戦《いく》さがいやなのか」などと、いろんな場面で不満をぶちまけたりもした。

## 作戦実行への意思決定プロセス――第二段階

さて、牟田口中将の強い要請により、昭和一八（一九四三）年五月、軍上層部の参謀長を集めて、ビルマの首都ラングーンで作戦会議が開かれた。このとき、各軍参謀たちはいずれも効率的資源配分の観点から、この作戦の中止を唱えた。

たとえば、ビルマ方面軍の中永太郎《なかえいたろう》参謀長や南方軍の稲田正純《いなだまさずみ》総参謀副長は、インパール作戦が地形と補給を軽視した、あまりにも非効率な資源配分を前提とする杜撰な作戦であることをすぐに見抜き、その作戦の再考を強く求めた。中参謀長は「再考の余地はないのか」と質問したが、牟田口中将は「心配はご無用です。私の経験から申せば、今回ほど準備を周到にやった戦さはかつてないほどです」と答えたという。

また、大本営参謀本部作戦部長の真田穣一郎《さなだじょういちろう》少将も、補給および制空権が不利な状況にあることから、この作戦の発動に不可を唱えた。実際、当時の戦局からいって、大本営ではインパール作戦に多大な資源を配分することが不可能に近かったのだ。

このように大本営は、基本的にインパール作戦の実行は不可能であるとみていた。しかし、ビルマをめぐる防衛構想再考の必要性については合意をみている以上、この作戦の方向性までをも不適切なものとして完全に否定することはできない状況にあった。こうして大本営は、作戦実行の判断を将来に先送りするインパール作戦「実施準備命令」というあいまいな命令を南方軍に発したのである。

この準備命令を受けて、早速、南方軍はビルマ方面軍に対して、「ウ号作戦」の名のもとにインパール作戦の準備を命じた。この作戦では、その目的をビルマの防衛強化と定め、目標地をインパールに限定し、作戦の柔軟性と堅実性を図るように指示されていた。

さらに、この南方軍の命令にもとづき、ビルマ方面軍は「ウ号作戦」準備要綱《ようこう》を作成し、これを第一五軍に通達した。この準備要綱では、重点を南に指向せよと指示されていた。しかし、その表現はきわめてあいまいなものであった。そのため、第一五軍の牟田口中将は、この表現を自分の案に有利な意味に解釈していった。

### 作戦実行への意思決定プロセス——第三段階

大本営による作戦準備命令が発せられる中、効率的な人的資源の配分に強い関心を持つ人々は、インパール作戦が成功する可能性はほとんどゼロに等しいと思っていた。それゆえ、作戦が実行されることはないと考えたのである。事実、前回出されたインド侵攻作戦は無期延期となり、結果的に中止になっていた。それゆえ、この作戦実施準備命令のもとでは、作戦自体をあえて強く否定する必要はなかった。準備状態を維持し、作戦実行を無期延期することが反対者にとっては合理的な行動だったのだ。

しかし、政治的な野心や自己利益を追求する人々にとっては、牟田口中将の企図する奇襲攻撃が万が一うまくいき、細々でも補給が続いて、将兵の猛進が実現すれば、作戦が成功する可能性は必ずしもゼロではないように思えた。そして、ゼロではない以上、彼らにとって何もしないでいることは軍人として正当な行動ではなかった。ましてや、この作戦を放棄することはもってのほかだったのである。とくに、当時の陸軍首脳は、太平洋戦争の中期以後、海軍に比べて陸軍の出番が少ないことを憂慮しており、この作戦が陸軍の活躍ぶりを国民に示す絶好のチャンスだと感じていた。それゆえ、この作戦を実行させるように積極的に働きかけることこそが、彼らにとっては合理的な行動だったのだ。

たとえば、ビルマ方面軍の河辺司令官は、盧溝橋事件のときの牟田口連隊長（当時の肩書）の上司（旅団長）であり、この個人的関係から牟田口中将の主張をできるだけ通してやりたいという気持ちを持っていた。また河辺司令官は、この作戦に参加を希望しているインドのチャンドラ・ボースの烈々たるインド独立の熱意に感服《かんぷく》し、この作戦にはインド国民三億五〇〇〇万人の運命がかかっていると思いこんでいた。それゆえ、インパール作戦成功の可能性がゼロでないかぎり、たとえこの作戦が非効率的であろうと、これを容認するよう働きかけることは、彼にとってきわめて正当な行動であった。

また、戦局全般の不利を打開することに関心があった南方軍の参謀長・綾部《あやべ》橘樹《きつじゅ》中将も、この作戦の成功によって戦局が開ける可能性があると考えていた。それゆえ、インパール作戦成功の可能性がゼロでないかぎり、これが寺内南方軍司令官自身の強い要望でもあることを訴えながら、大本営に作戦実施許可を求めることは、彼にとってきわめて正当な行動であった。このわずかな勝利の可能性を追求しないで現状のままいること、いわんやこの作戦を中止することは、帝国陸軍軍人として正しい行動ではなかったのだ。

さらに、戦局打開および陸軍の存在をアピールすることに関心があった杉山《すぎやま》元《はじめ》参謀総長も、この作戦の勝利がその機会になると考えていた。そのため、インパール作戦成功の可能性がゼロでないかぎり、寺内南方軍総司令官のたっての希望であるならば、南方軍のできる範囲で作戦を決行させてもよいではないかと真田少将を説得したのも、陸軍軍人としてはきわめて正当な行動であった。

そして、当時、戦局とともに悪化する自らの政治的立場の打開に関心があった東條《とうじょう》英《ひで》機《き》首相兼陸相は、ビルマの独立、そしてインド独立運動の両面でイギリスに圧力を加え、さらにインパールを攻撃することによって、自らの苦境を脱出できるのではないかと考えはじめていた。それゆえ、インパール作戦の成功率がゼロでないかぎり、事態が悪化していくのを座して俟《ま》つのは、彼にとって正当な行動ではなかった。

以上のように、インパール作戦実施準備命令のもとに、一方で資源配分の効率性を重視する人々は、この作戦があまりにも杜撰で非効率なために実行されることはありえないと考え、沈黙していた。他方、この作戦の成否に個人的・政治的利害が左右される人々は、成功率がゼロでないかぎり、作戦を中止したり何もしないでいることは軍人として正当ではないと考えていたのだ。

こうして、インパール作戦をめぐる資源配分の効率性の議論はどこかに押しやられ、正当性の御旗のもとに作戦が承認されるという不条理が陸軍に発生した。かくして、昭和一九（一九四四）年一月七日、大本営は成功する見込みのまったくない非効率的なインパール作戦の決行を承認したのである。

### ジンギスカン作戦

一般に、作戦は戦闘作戦と補給作戦から構成される。インパール作戦における戦闘作戦とは、簡単にいえばインパールを三つの師団が挟み撃ちにするというものであった。

一方の補給作戦は、数千頭の牛と羊に武器弾薬を積み込むとともに、その牛と羊を食料にするという牟田口中将自慢の「ジンギスカン作戦」である。しかも必要とあれば、日本人は草食民族だから、道端に生えている雑草を食料にすればいいという極めて杜撰なものであった。

しかし、予想に反して牛の歩みはのろく、羊はその牛よりもさらに遅かった。そのため、羊は早々に食料にしてしまった。また、列がバラけないよう多くの牛を引き連れていくには、ある程度技術が必要なのだが、日本軍にはそのような技術がなかった。さらに、牛の飼料を持っていなかったため、途中でへばる牛が続出、橋のないチンドウィン河を渡る際には、ほとんどの牛がおぼれ死んでしまったのだ。こうして、河を渡った直後から食料不足が発生していた。つまり、補給作戦は最初から完全に失敗していたのである。

他方、戦闘作戦は、ある程度、成功しているかのように見えた。たしかに、第三三師団は、待ち受けていたインド第一七師団を包囲殲滅《せんめつ》するところまで追いつめた。また、第一五師団の一部は、わずか二週間でインパールの北四五キロのミッションまで進出、そして、最北から進軍した第三一師団の宮崎繁三郎《みやざきしげさぶろう》少将率いる宮崎支隊は、四月五日にコヒマに突入し、約二ヶ月間にわたってインパール街道を遮断した。このようにおよそ一ヶ月の間に、各師団の一部がインパールの近くまで進撃し、日本軍は形の上ではインパールを包囲することに成功したのだ。

## 将校を次々に更迭

しかし、これは英国第一四軍司令官スリム中将の作戦であった。つまり、日本軍と戦闘を交えつつ徐々に後退し、日本軍を橋のないチンドウィン河を渡らせてインパール近くまで引き込み、日本軍の補給線が完全に伸びきったところで逆襲しようとしたのだった。それゆえ、英軍は日本軍をいたずらに強襲しようとはしなかった。補給の続かない日本軍はやがて自滅することがわかっていたので、貴重な兵力を温存していたのだ。

また英軍にとって、日本軍によるインパール街道の遮断は何ら障害にはならなかった。というのも、彼らは航空機によって、絶えず物資を空中補給するといった立体作戦を展開していたからである。

こうした状況で、第一五軍戦闘司令所の牟田口中将はチンドウィン河を渡ることなく、「ビルマの軽井沢」といわれるメイミョウから、各師団に対してひたすら前進あるのみと命令していた。しかし、補給線が伸びきった前線には、予想どおり弾薬も食料もほとんど届かなかった。飢えはじめた将兵たちの中には、赤痢にかかって衰弱する者も現れ、さらにそこに雨季の豪雨が追い打ちをかけた。

それでも牟田口中将は前進命令を繰り返すだけだった。彼は、記念すべき四月二九日の天長節までに作戦を成功させる、そのことに異常にこだわっていたのだ。

そんな牟田口中将と各師団長は無線を通じて対立した。牟田口中将は、戦意不足を理由に三人の師団長を次々と更迭した。まず、この作戦に当初から反対していた第三三師団長柳田中将が、「病弱のため不適任と認め……」との理由で更迭された。

続いて、第一五師団長山内中将も更迭された。彼は、師団長剥奪《はくだつ》の命令が来たとき、マラリアによる発熱で倒れていた。屈辱のあまり沸き立つ怒りの中、重体に陥り、メイミョウの兵站病院で亡くなった。

第三一師団長の佐藤幸徳中将の場合は、食料の補給が途絶《とだ》え、二万人の部下に与える米が一日一人一粒になってしまったため、牟田口中将に見捨てられたとの思いを強くしていた。そして、牟田口中将の突撃命令を拒否し、食料のあるところまで撤退すると第一五軍司令部に打電した。

「師団は、いまや糧絶え、山砲及歩兵重火器弾薬もことごとく消耗するに至れるを以て、おそくとも六月一日までにはコヒマを撤退し、補給をうけ得る地点まで移動せんとす」

佐藤師団長は、独断で撤退するにあたって「第一五軍首脳の戦術能力は士官候補生以下」と激しく批判した。陸軍はじまって以来の師団長の抗命事件であった。しかし結果的に、この佐藤師団長の命令違反によって救われた将兵も多い。

以上のように、インパール作戦では、多くの将校が作戦実行中に更迭されるという異例の事態が発生した。とくに戦闘中、天皇から任命された三人の師団長を軍司令官が解任したことは、日本軍事史上、唯一の事例である。

## 生き地獄を再現した戦い

さて、作戦実行から約三ヶ月後の昭和一九（一九四四）年六月初めには、インパール作戦の失敗は誰の目にも明らかになった。

このとき、ビルマ方面軍司令官河辺中将が、第一五軍戦闘司令所の牟田口中将を訪れていた。しかし、両者とも「作戦中止」を口にすることはなかった。もし、このとき撤退命令が出されていたならば、被害は最小限に抑えられていたかもしれない。

「私はもはやインパール作戦は断念すべき時期であるとのどまでかかったが、どうしても言葉に出すことができなかった。私の顔色によって察してもらいたかった」と牟田口中将は戦後になってこのときのことを回想している。

一方の河辺中将は、「牟田口司令官の面上にはなお言はんと欲して言ひ得ざる何物かの存する印象ありしも、予もまた露骨に之を窮めんとせずして別る」と日記に記している。

牟田口中将との会見後、河辺中将はラングーンに帰還したのだが、作戦中止どころか、逆に「総攻撃再開」の命令を出す始末だった。こうして、数万人の将兵を救うチャンスは完全に失われた。ラングーンには、事情がまったくわかっていない南方軍と大本営から、無邪気な激励の電報が多く寄せられていた。その電報に接した河辺中将は、逆にインパール作戦は絶対に中止できないと強く思ってしまったらしい。

六月下旬になって、牟田口中将はようやく作戦中止の腹を固め、その旨を方面軍に上申した。その後、方面軍、南方軍、そして大本営が現地の深刻な状況を認識し、作戦中止に傾いた。そして、実際に作戦中止が大本営によって認可されたのは、七月二日であった。その間、最前線の将兵は無意味で効果のない突撃を繰り返し、いたずらに犠牲者を増加させていた。

撤退命令が出たときには、ほとんどの将兵が食料を持っていなかった。みなジャングル内の雑草や茸を食べながら彷徨《ほうこう》していたのだ。あまりにも多くの日本軍の将兵が力尽き、倒れ、死んでいったため、インパール・コヒマ周辺の道は「白骨街道」「靖国街道」といわれるほどだった。

生きている者も、飢えやマラリア、赤痢に苦しめられた。道ばたには負傷兵が横たわり、彼らの目、鼻、口に蛆《うじ》がうごめいていた。髪に蛆が集まって白髪のように見える兵士や、ぱっくり開いた腿《もも》の傷に指を入れて蛆をほじくり出す兵士もいた。血と泥にまみれ、人間か土かわからないような者もいた。まさに、インパール作戦は、この世の生き地獄を再現した戦いであった。

この戦闘で、英軍の死傷者は、およそ一万七〇〇〇人であった。一方、日本軍は五万人以上にのぼった。日本軍の各師団、第一五師団、第三一師団、そして第三三師団の兵力は、それぞれ作戦開始前のおよそ二五％に激減した。つまり、この戦闘に参加した日本兵のうち、チンドウィン河を越えて直接アラカン山系内の戦場で戦った者のほとんどが命を落としたのだ。しかもほとんどが、戦死というよりも、飢えと病気によって無駄死にしたのである。これが、無謀なインパール作戦の結末であった。

牟田口中将は撤退命令を出した直後、八月に参謀本部付を命じられ、早々と東京に戻った。そして、その後、予備役に回された。つまりはクビとなったのである。

しかし、すぐに陸軍予科士官学校校長として復帰することになる。河辺中将などは逆に大将に昇進すらしてしまう。彼らは、インパール作戦の最前線を一度も目にすることなく、もちろん白骨街道など知ることもなかった。ちなみに牟田口は、戦後マスコミ各社を訪ね歩いて、「自分の作戦に誤りはなかった」と主張した。

## なぜインパール作戦は実行されたのか

インパール作戦について現在でもなお問題となっているのは、ほとんどの人々が実行不可能として反対したにもかかわらず、なぜ実行されてしまったのかということ、そして、なぜ当初反対していた牟田口が意思を翻《ひるがえ》し、自ら作戦を提案し、遂行していったのかということである。

この不条理な行動をめぐっては、戦後、多くの研究者が日本軍の無知と非合理性を指摘し、それを徹底的に批判してきた。とくに、牟田口の非合理で異常ともいえる性格に、この作戦の失敗の原因を求めることが多い。では、本当に彼の行動は彼固有の性格によるもので、それは例外的なものだったのだろうか。また、なぜ当初慎重だった大本営がこの無謀な作戦の実行を容認してしまったのだろうか。

以下では、この牟田口や大本営の意思決定が、必ずしも無知や非合理さゆえになされたのではなく、むしろ意識的かつ合理的に起こった現象であることを説明してみたい。そして、それゆえに、現代でもこのような不条理な行動が十分起こりうることを、行動経済学の中心理論の一つであるプロスペクト理論を用いて明らかにしてみたい。

## （２）プロスペクト理論

### 限定合理的な人間心理

従来の標準的な経済学では、人間はすべての情報を完全に収集でき、客観的に最適な方法を選択することができる完全合理的な存在であると仮定され、議論が論理的に展開されてきた。この完全合理性の仮定に疑問を投げかけたのは、二〇〇二年にノーベル経済学賞を受賞したＤ・カーネマンや二〇一七年にノーベル経済学賞を受賞したＲ・Ｈ・セイラーたちであった。彼らはたくさんの、しかも多様な実証研究の結果にもとづいて、人間は完全合理的ではなく、また完全に非合理的でもなく、限られた情報のもとで主観的に最適な方法を選択しようとする限定合理的な存在であることを説明するプロスペクト理論を展開した。

彼らによると、まず限定合理的な人間には、「レファレンス・ポイント」（参照点）がある。それは、人間が物事を認識し、評価するときに参考にする主観的な点であり、それは一人ひとり異なっている。

たとえばＡさんは、銀行でいつも五分待つことに慣れているとしよう。Ａさんはこの五分を参考にして、銀行で待たされる時間の長短を認識し、評価する。つまり「思ったよりも早かったので、得した」とか、「思ったよりも遅かったので、損した」などと考えるのだ。この場合、五分がAさんのレファレンス・ポイントである。

このレファレンス・ポイントを境に、自分の予想よりも高い水準の結果は「利益」として認識され、それが増えれば心理的価値（＝満足）も増大する。他方、レファレンス・ポイントより低い水準の結果は「損失」として認識され、それが増えれば心理的価値は減少し、不満足が増大する。

ここで、もし人間が完全合理的な存在ならば、このように利益の増加と心理的価値の増加は正比例するだろう。しかし、現実の人間は完全合理的な存在ではなく、限定合理的な存在である。限定合理的な人間の心の中にはバイアスがあるために、利益の増加と心理的価値の増加は正比例しない。利益が増加すればするほど、逆に心理的価値は逓減《ていげん》することになるのだ。このような限定合理的な人間の特性は、「感応度《かんのうど》逓減」と呼ばれている。ただし、ここでいう「利益」と「損失」は、あくまでレファレンス・ポイントを基準とする相対的利益と相対的損失であって、絶対的利益でも絶対的損失でもないことに注意しなければならない。

また、完全合理的な人間にとっては、一単位の相対的利益の増加によって得られる心理

図表1-3　価値関数

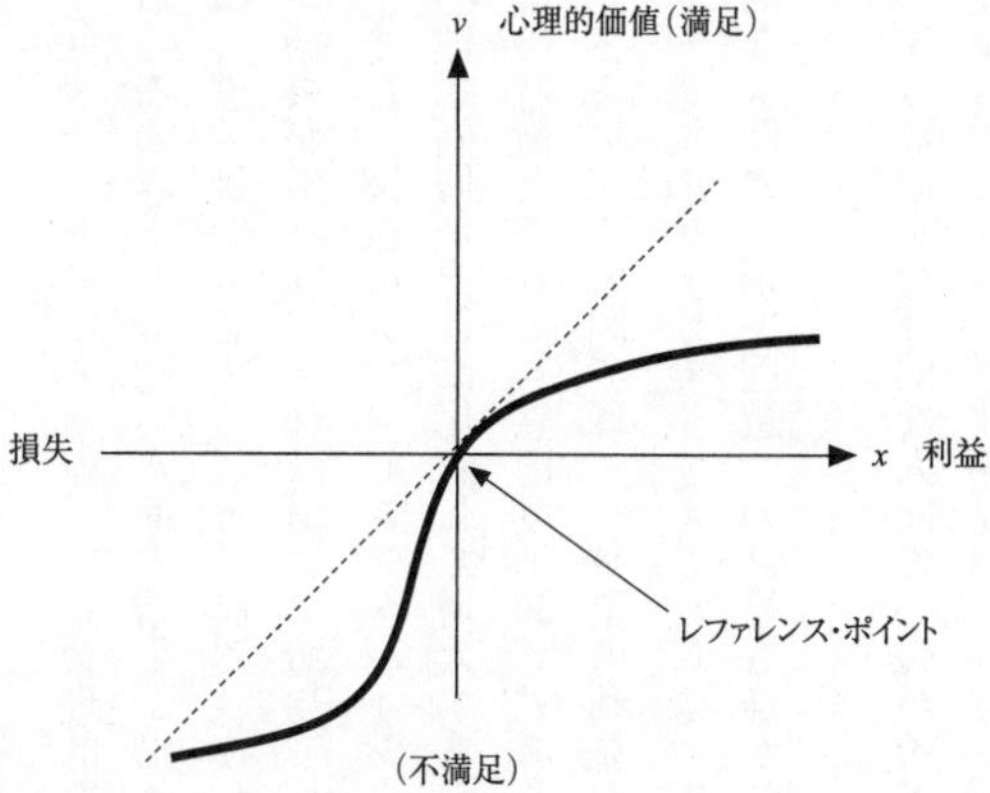


的価値の大きさと、一単位の相対的損失の増加によって失われる心理的価値の大きさは対称的で、その絶対値は同じであろう。

しかし、限定合理的な人間にとっては、一単位の相対的利益の増加によって得られる心理的価値の大きさよりも、一単位の相対的損失の増加によって失われる心理的価値の方が大きい。簡単にいうと、人間は得る喜びよりも失うショックの方が大きいのだ。それゆえ、人間は損失を避けるように行動する。この特徴は、「損失回避」と呼ばれる限定合理的な人間の特質である。

### 価値関数

以上のような限定合理的な人間の特性は、図表1－3のように価値関数$v$で表されることになる。

①図表1－3の中心点が、限定合理的な人間の主観的なレファレンス・ポイントである。この点よりも高い水準の結果が出れば、それは利益であり、その利益が大きければ心理的価値も高まることになる。これに対して、レファレンス・ポイントよりも低い結果が出れば、それは損失であり、その損失が大きければ心理的価値も低くなる。

②また、図表のレファレンス・ポイントを境に、相対的利益が増加すればするほど、心理的価値がそれに比例して増大するのではなく、逓減する。これが限定合理的な人間の特徴とされる「感応度逓減」である。

③さらに、この図では、一単位の利益の増加によって得られる心理的価値よりも、同じ一単位の損失が発生することによって失う心理的価値の方が大きいという限定合理的な人間の「損失回避」の性格も描かれている。

このような限定合理的な人間の心のバイアスを描き出す価値関数を用いることで、一見非合理な人間行動の合理性を説明することができる。それは、たとえば、明らかに貯金の一部を取り崩した方が合理的であるにもかかわらず、一方で〇・一％の金利で子供の教育費を貯蓄し続け、他方で三％の金利で自動車ローンを組んでしまうといったものだ。これが、次に説明するD・カーネマンやR・セイラーたちによって展開された心理会計の考え方である。

### 心理勘定

ここで、二つのビジネスを展開している企業経営者について、プロスペクト理論の価値関数にもとづいて考えてみよう。

第一のビジネスから得られる利益を $x_1$、第二のビジネスから得られる利益を $x_2$ とする。企業会計上では、これら二つの利益 $x_1$ と $x_2$ を、それぞれ別々の勘定（分離勘定）で処理しようと、一つに統合した勘定（統合勘定）で処理しようと、その値は図表1－4のように同じである。

しかし、限定合理的な人間にとって、これら二つの利益 $x_1$ と $x_2$ は、心の中のレファレンス・ポイントにもとづく価値関数 $v(x)$ を通して心理的価値 $v(x_1)$ と $v(x_2)$ に再評価され、心の中の勘定、すなわち心理勘定（mental account）のもとに処理されることになる。

このとき、図表1－5のように、二つの利益 $v(x_1)$ と $v(x_2)$ を統合する心理勘定

（統合勘定）で処理した方が心理的により価値が高く感じられる場合と、二つの利益を分離したままの状態で処理した方（分離勘定）が心理的により価値が高く感じられる場合がある。

このことを具体的に説明するために、第一のビジネスで利益（$x_1>0$）が発生し、第二のビジネスでも利益（$x_2>0$）が発生している企業経営者の心理状態について考えてみよう。

この場合、利益$x_1$から得られるプラスの心理的価値$v(x_1)$は図表1‐6の縦の点線の矢印の高さで表される。また、利益$x_2$から得られるプラスの心理的価値$v(x_2)$は図表1‐6の細い縦の実線の矢印の高さで表される。

したがって、利益$x_1$と利益$x_2$を分離した状態で得られるプラスの心理的価値の合計$v(x_1)+v(x_2)$は、図表の縦の点線の矢印と細い実線の矢印を加えた高さで表すことができる。

これに対して、二つの利益の合計（$x_1+x_2$）から得られるプラスの心理的価値$v(x_1+x_2)$は、図表の太い実線の矢印の高さで表される。図表1‐6より、明らかに太い実線は、点線と細い実線を加えた高さよりも低いので、$v(x_1+x_2)<v(x_1)+v(x_2)$となり、以下のことがいえる。

図表1-4　実際の会計

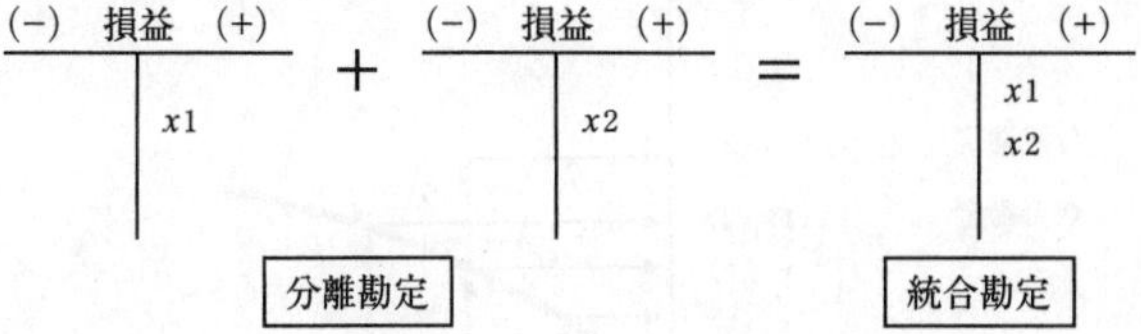


図表1-5　心理会計

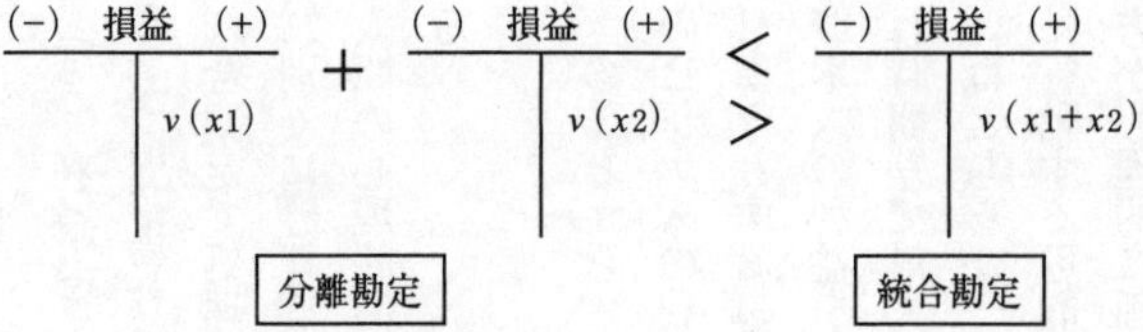

図表1-6　価値関数と心理会計

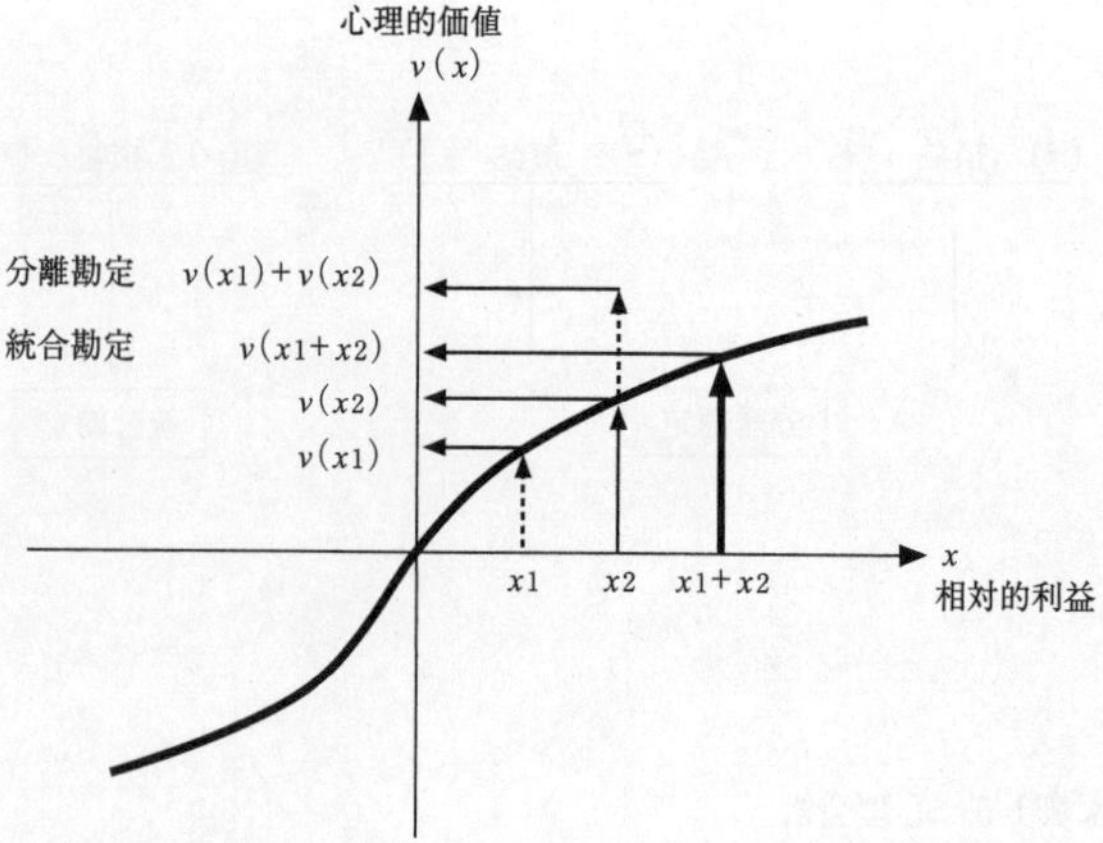


（1）利益（$x_1>0$）と利益（$x_2>0$）が出た場合には、二つの成果を統合勘定で処理するよりも、それぞれ別々に分離勘定で処理した方が、人間の心理的価値（満足）は高くなる。

以上のことから、この場合、経営者は二つのビジネスの利益$x_1$と$x_2$の合計を最大化しようとするのではなく、それぞれのビジネスの利益を分離勘定で扱い、それぞれ時間差で最大化しようとするか、あるいはどちらか一方だけを最大化するように行動する可能性が高いといえる。その方が心理的に価値が高いのだ。

換言すると、二つのビジネスを分離勘定で扱うということは、本来なら二つのビジネスの利益の合計を最大化した方が全体としてメリットがあったとしても、二つのビジネスを別々に扱い、一方のビジネスの成功だけにこだわり、そこに必要以上の資金を投入し、全体が最大化されない場合もあることを意味する。

したがって、一方で〇・一％の金利で子供の教育費を貯蓄し続け、他方で三％の金利で自動車ローンを組んでしまうという一見非合理な人間行動も、人間の心の中での会計処理、つまり心理会計的にいえば、分離勘定のもとに心の中では合理的に処理している可能性があるのだ。

これと同じ方法で、別のケースを分析してみると、論理的に以下のような帰結に導かれることになる（価値関数 $v(x)$ の図を用いて、以下のような結論が実際に導かれるのかどうか、自分で試みてほしい）。

（２）損失（$x_1 < 0$）と損失（$x_2 < 0$）が発生した場合、分離勘定よりも統合勘定で処理した方が心理的価値が高くなる。

（３）小さな損失（$x_1 < 0$）と大きな利益（$x_2 > 0$）が発生した場合（$x_1 + x_2 > 0$）、分離勘定よりも統合勘定で処理した方が心理的価値は高くなる。

（4）小さな利益（$x_1>0$）と大きな損失（$x_2<0$）が発生した場合（$x_1+x_2<0$）、統合勘定よりも分離勘定で処理した方が心理的価値は高くなる。

以上のように、限定合理的な人間の心理的バイアスを描き出す価値関数$v(x)$を用いると、先に述べたインパール作戦における、一見、非合理な牟田口や大本営の行動も、合理的なものとして説明でき、しかも、そのような人間行動は実は現在でも十分起こりうる可能性があることが明らかになる。以下、これについて説明してみよう。

## （3）心のバイアスが生み出す組織の不条理

### 牟田口廉也の心理

先に説明したように、太平洋戦争の緒戦において日本軍が破竹の勢いで勝ち進んでいく中、これらの戦いで常に陸軍の最前線にいたのが牟田口廉也だった。彼は最前線で戦い、ラングーン占領をはじめとして予想外の戦績をあげていたのである。

このとき、牟田口の心理状態は、プロスペクト理論の価値関数で表すと、予想外にプラスの心理状態（$x_a>0$）にあったと思われる（図表1‐7。以下、この図に沿って話を進

図表1-7　牟田口の心理

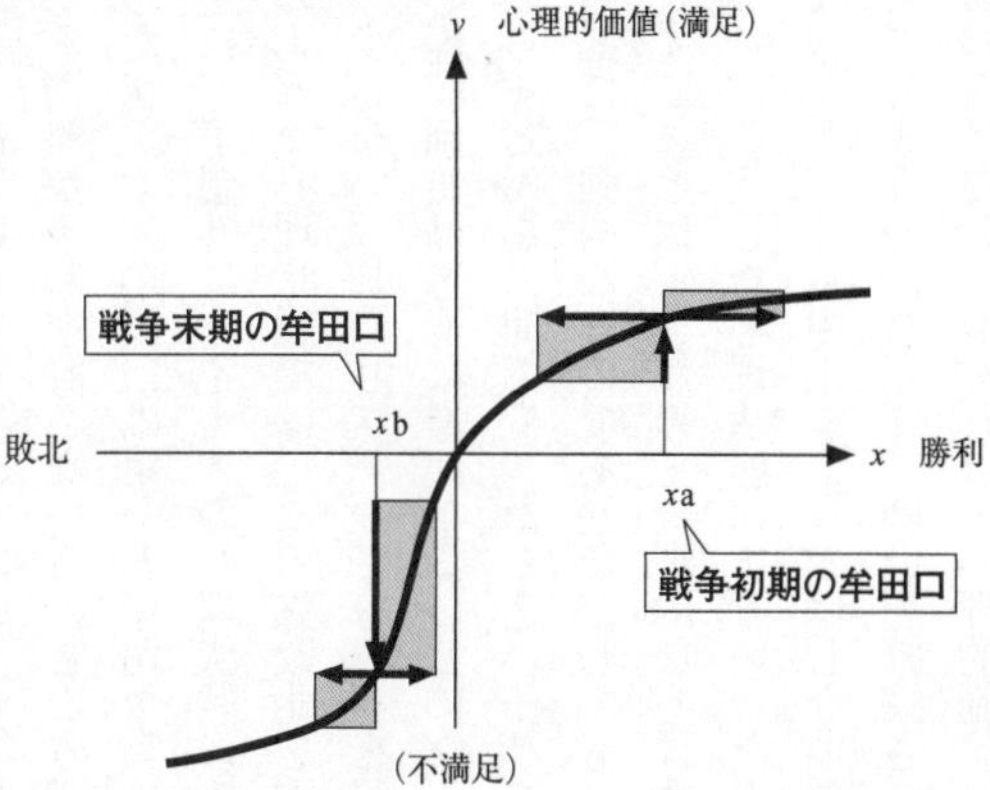


めていく）。このような心理状態では、これ以上勝ち続けてもそれほど心理的価値（＝満足）は増加しないが、逆に少しでも敗北を経験すると心理的価値は急速に減少することがわかる。

　したがって、この場合、たとえインパール作戦が陸軍にとって正当なものであったとしても、そのようなリスクの高い作戦を遂行することは、牟田口にとって心理的価値を高めることはなく、逆に大幅に下げる可能性のある非合理で無駄なことだった。むしろ、ここでいったん戦うことを止めて戦果を確定してしまった方が、彼にとっては合理的だったのである。当初、牟田口がインパール作戦に強く反対していたのは、そのためであり、このとき彼の行動は心理的に合理的なものであったといえるだろう。

しかし、次第に日本軍をめぐる戦況が悪化していくにつれ、比較的安定していたビルマをめぐる情勢が予断を許さないものとなり、日本軍は予想外の敗北感を味わうことになる。こうした状況で、牟田口は第一五軍司令官に昇格する。このとき、彼は初期の頃とはまったく逆に、予想外にマイナスの心理状態（$x<0$）に陥っていたと思われる。

このような心理状態では、この先敗北を重ねても、牟田口の心理的価値はそれほど急速には減少しない。しかし、一つでも勝利を収めることで敗北感を減らすことができれば、彼の心理的価値は急速に増加することになる。それゆえ、このような心理状態では、牟田口に限らずどんな人間でも、たとえハイリスク・ハイリターンの戦いで、その作戦が多少非効率的で、強引なものであったとしても、軍人としての正義や正当性を持ち出して戦いを実行することは、きわめて合理的な心理状態といえる。

さらに、こうした心理状態のままいったん戦いをはじめてしまうと、たとえ敗北が決定的になったとしても中止しようとはしないだろう。というのも、戦いを中止すれば敗北が確定してしまうのに対して、戦いを継続さえしていれば勝利の可能性を追求することができ、負け続けていてもそれほど心理的価値は減少しないからである。平時からすれば、まさに異常な心理状態だといえるだろう。

しかし、このような行動は心理的には合理的であるが、客観的には非効率的なので、人間は合理的に失敗することになる。そして、このようなリーダーの命令に従う組織は、当然、そのまま自滅していくことになるだろう。

これが、インパール作戦における牟田口の行動をプロスペクト理論にあてはめたものである。それは、無知で馬鹿げていて非合理的な行動ではなく、限定合理的な人間にとっては合理的な行動だったのであり、それゆえにこのような行動は、牟田口にかぎらず現代に生きるわれわれも、取りうる可能性が十分あるといえるだろう（それについては後述する）。

## 大本営の心理

牟田口の行動に対して、彼が起案した杜撰で無謀なインパール作戦を承認した大本営のエリートたちの行動は、どのようにして説明できるのだろうか。

太平洋戦争の中期、複数の戦いをマネージメントしていた大本営のエリートたちは、ビルマ情勢が予想以上に安定（$x_2>0$）していると認識していた。しかし、その一方で、南太平洋方面が予想外に苦戦（$x_2<0$）を強いられていることも認識していた。このような心理状態は、59ページの図表1−8のように「$x_1+x_2<0$」で表せるだろう。

この場合、心理会計上、限定合理的な人間は、南太平洋方面とビルマ方面の二つの戦いをそれぞれ分離して考え、分離勘定のもとに別々に処理した方が、この二つの戦いを統合して考えるよりも心理的価値は高く、より心地よい状態となる。

【証明】

このことは、以下のように証明することができる（証明に関心のない人は、この部分を飛ばしてもらってもいい）。

まず、南太平洋での敗北感（$x_1$）から得られるマイナスの心理的価値 $v$（$x_1$）は、図表1－8の縦の点線の矢印の高さで表される。これに対して、ビルマ方面での辛勝感《しんしょうかん》（$x_2$）から得られるプラスの心理的価値 $v$（$x_2$）は、図表の細い縦の実線の矢印の高さで表される。

したがって、南太平洋での敗北感（$x_1$）とビルマ方面での辛勝感（$x_2$）とを分離した状態で得られる心理的価値の合計 $v$（$x_1$）＋$v$（$x_2$）は、図表1－8の縦の点線の矢印から細い実線の矢印の高さを引いた高さとなる。

これに対して、二つの戦果の合計（$x_1+x_2$）から得られる心理的価値 $v$（$x_1+x_2$）は図表1－8の縦の太い実線の矢印の高さで表される。

図表1－8より、太い実線は、点線から細い実線を引いた高さよりも高いので、マイナ

図表1-8　初期大本営の心理会計

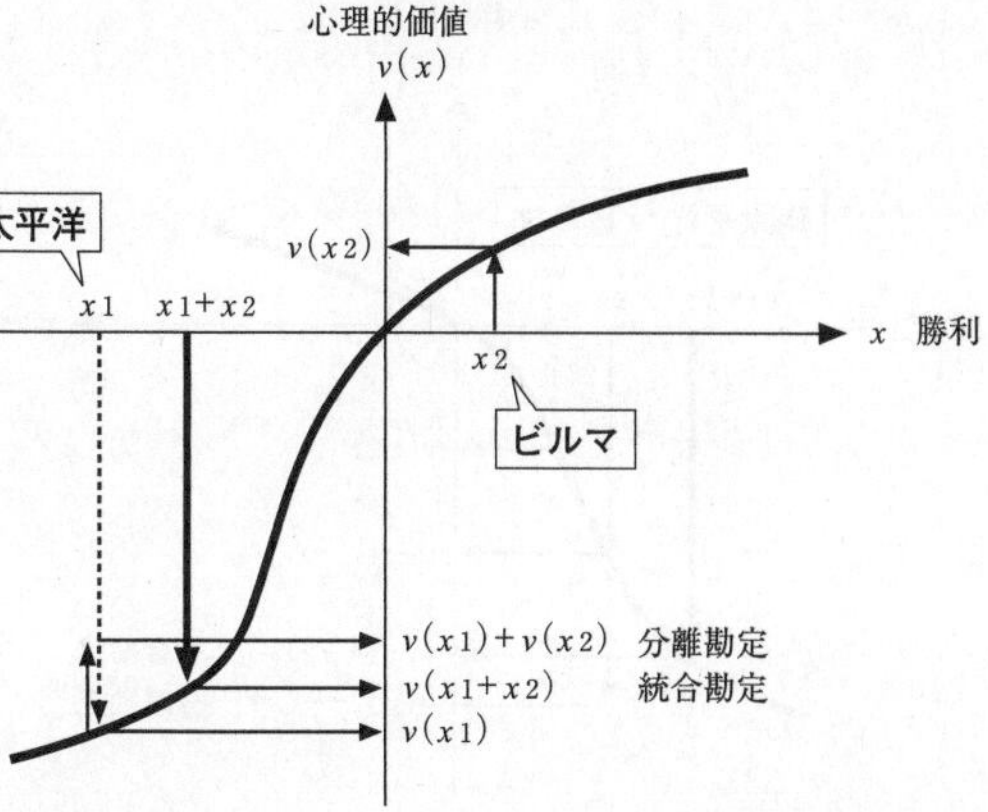


スが大きい。それゆえ、$v(x_1+x_2)<v(x_1)+v(x_2)$となる。つまり、この場合、大本営にとって二つの戦果を統合するよりも分離して処理した方が、より損失が少なく感じられるような心理状態となる。

このような心理状況のもとに、当初、大本営のエリートたちは、南太平洋方面の情勢とビルマ情勢とをそれぞれ分離して考えることができ、一方で南太平洋方面だけに強い関心を寄せて、そこに資源を集中的に配分し、他方インパール作戦をあくまで非効率的な作戦だとして冷静に分離して判断していたわけである。

しかし、その後、南太平洋の島々で予想外の大敗（$x_1<0$）を経験し続け、ビルマ

図表1-9　末期大本営の心理会計

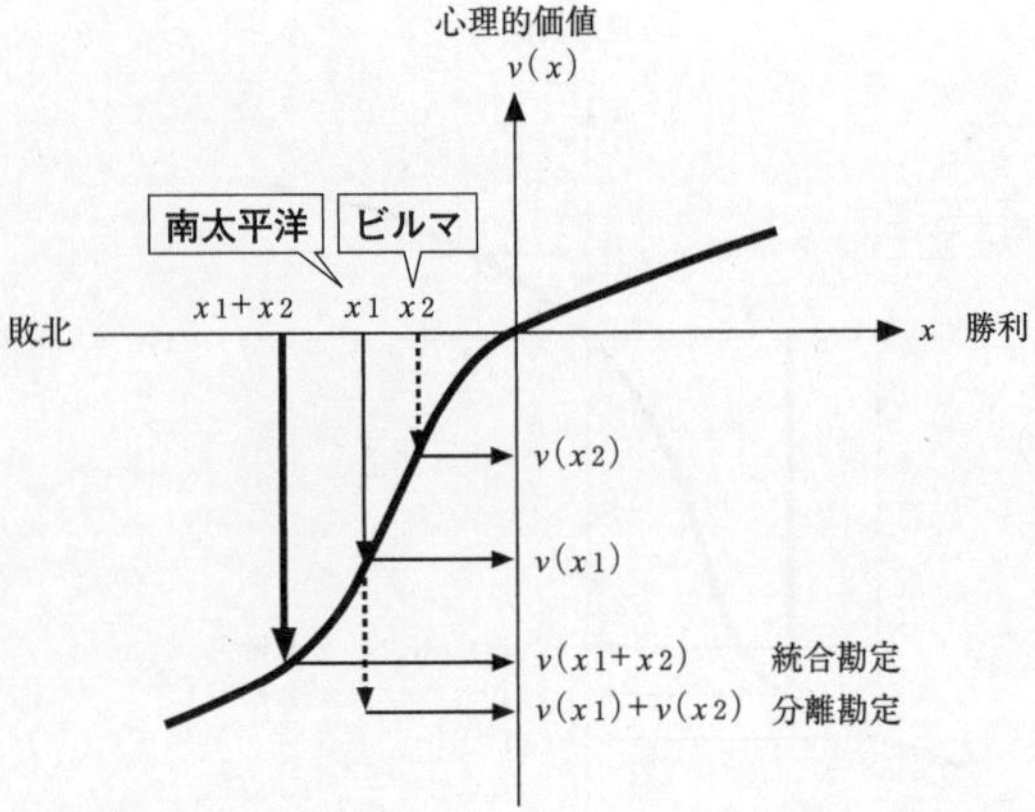


方面でも英国のウィンゲート旅団による予想外の撹乱《かくらん》作戦（$x_2 < 0$）が展開されると、戦況は両方面で悪化した。

　このとき、大本営のエリートたちの心理状態は図表1－9のように変化した。この場合、心理会計的にいえば、大本営は二つの戦いを別々に分離して考えるよりも、統合勘定のもとに二つの戦いを統合して考えた方が心理的価値は高くなる。

　このことは、以下のように証明することができる（証明に関心のない人は、この部分を飛ばしてもらってもいい）。

【証明】

　まず、南太平洋の諸島での大敗（$x_1$）から得られるマイナスの心理的価値 $v$（$x_1$）

は、図表1－9の細い縦の実線の矢印の高さで表される。これに対して、ビルマでの惜敗《せきはい》感《かん》（$x_2$）から得られるマイナスの心理的価値 $v$（$x_2$）は、図表の点線の矢印の高さで表される。

したがって、南太平洋での敗北感（$x_1$）とビルマ方面での敗北感（$x_2$）とを分離した状態で得られるマイナスの心理的価値の合計 $v$（$x_1$）＋$v$（$x_2$）は、図表1－9の点線の矢印と細い実線の矢印の高さを加えた高さとなる。

これに対して、二つの戦果の合計（$x_1$＋$x_2$）から得られるマイナスの心理的な価値 $v$（$x_1$＋$x_2$）は図表の縦の太い実線の矢印の高さで表される。

図表1－9より、太い実線は、細い実線と点線を加えた高さよりも低いので、マイナスが小さい。それゆえ、$v$（$x_1$＋$x_2$）＞$v$（$x_1$）＋$v$（$x_2$）となる。つまり、この場合、大本営にとって二つの戦果を分離するよりも統合して処理した方が、より損失が少なく感じられる心理状態となる。

　このように、太平洋戦争後期の時点で大本営のエリートたちは、二つの戦いにおける敗北感を統合して考えていた可能性があり、それゆえ図表1－10のように、これ以上敗北を重ねても心理的価値はこれ以上大きく減少しないが、少しでも戦況が良くなれば心理的価

図表1-10　末期大本営の心理

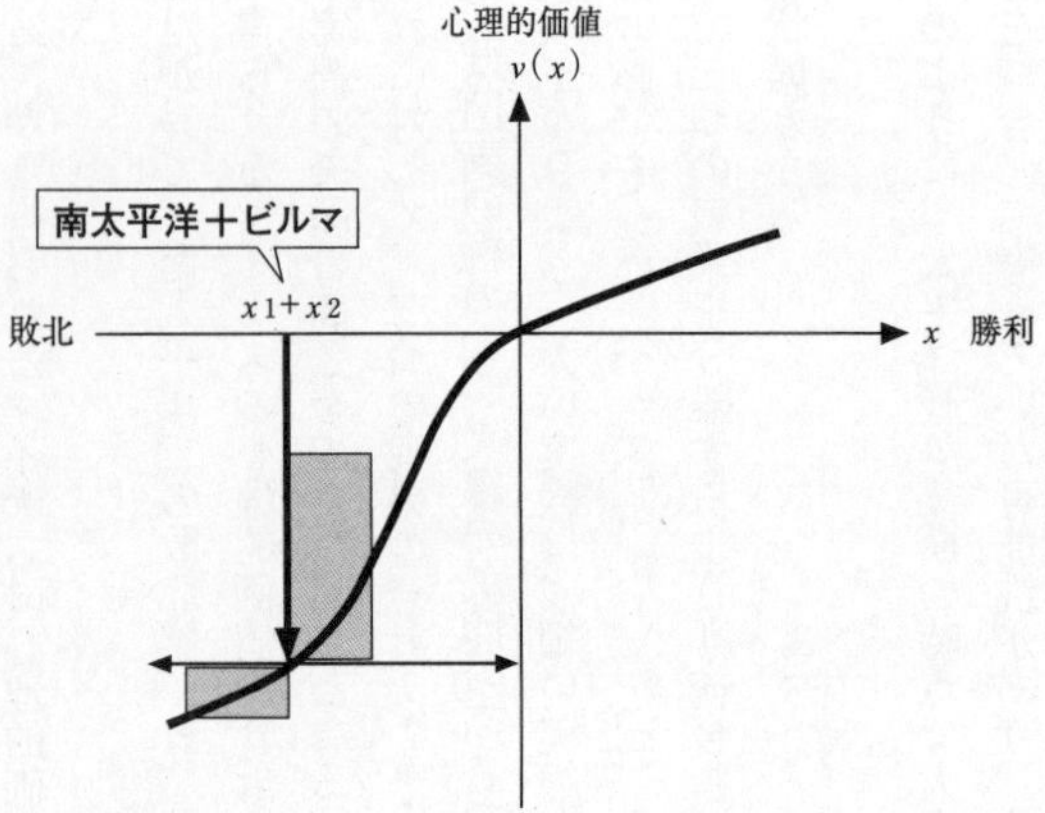


値は加速度的に増大するような心理状態に陥っていた可能性がある。

この場合、戦況を冷静に判断して作戦を中止し、敗北を確定してしまうよりも、戦いを継続して敗北を確定しない方が心理的に合理的となる。こうして、大本営のエリートたちもまた、心理的に合理的に牟田口の無謀なインパール作戦に同意していった可能性がある。

今日、当時の陸軍や大本営内部の人間関係などが分析され、インパール作戦が温情や人情によって承認されていったという議論が展開されているが、それ以前に大本営では心理的に合理的に、インパール作戦を承認するだけの心の準備がすでにできていた可能性がある。

## 不条理発生のメカニズム——心のバイアスの存在

以上のように、インパール作戦における牟田口や大本営のエリートたちの行動をプロスペクト理論を用いて分析してみると、なぜ非効率的な作戦を命令したのかが理解できる。いずれも、戦争末期には、まったく同じ心理状態に陥っていた。つまり、予想外にマイナスの心理状態に陥っていたのである。

このような心理状況に置かれた場合、牟田口や当時の大本営のエリートたちだけではなく、限定合理的な指導者なら誰でも効率性を無視して何らかの正当性を持ち出し、自らの心理的価値を高めることを目的として、合理的にハイリスク・ハイリターンの行動を命令する可能性があるのだ。

現代におけるその端的な例が投資家の心理である。一般に為替や株式を扱う投資家やトレーダーは、十分上がらないうちに利益を確定してしまい、その一方で、損失の確定は先送りしてしまうという非効率的な傾向があるといわれている。

たとえば、ある投資家が米ドルを一〇〇万円分購入したとする。その後、ドルが上昇して、手持ちのドルが一二〇万円にまで増えた。しかも、なおドルが高くなる可能性が高い。しかし、そんな状況であるにもかかわらず、このとき投資家は手持ちのドルをすぐに円に交換して二〇万円の利益を確定しようとしてしまう。

しかし、逆にドルが下落して、手持ちのドルが一〇〇万から九〇万円にまで減った場合、投資家はそれを円に交換して一〇万円の損失をすぐに確定しようとはしない。たとえ、さらにドルが下がり続ける可能性が高くても、早めに円に交換することなく、なお持ち続け、損失を最小限に食い止めようとはしないのだ。

このような投資家の行動は、一見、非合理に思える。しかし、図表1－11のようにプロスペクト理論の価値関数をあてはめて考えると、この行動は決して非合理なものではない。利益を出している場合、これ以上利益を出してもそれほど心理的価値は高まらないので、リスクを回避するように早めに利益を確定しようとする。それは心理的に合理的なのだ。投資家のこのような行動は、まさに太平洋戦争の初期において牟田口が、日本軍に勢いがあったにもかかわらずインパール作戦実行に反対し、いったん勝利を確定しようとした行動と同じだといえる。

一方、損失を出している場合、少しでも損失が減ると、急速に心理的価値は高まるのに対して、これ以上損失を出してもそれほど心理的価値は減少しない。それゆえ、逆に結果をできるだけ確定しないで、そのままリスクを好むように（リスク愛好的に）損失を先送りしようとする。これもまた心理的に合理的なのだ。投資家のこのような行動は、まさに、

**図表1-11　価値関数と投資行動**

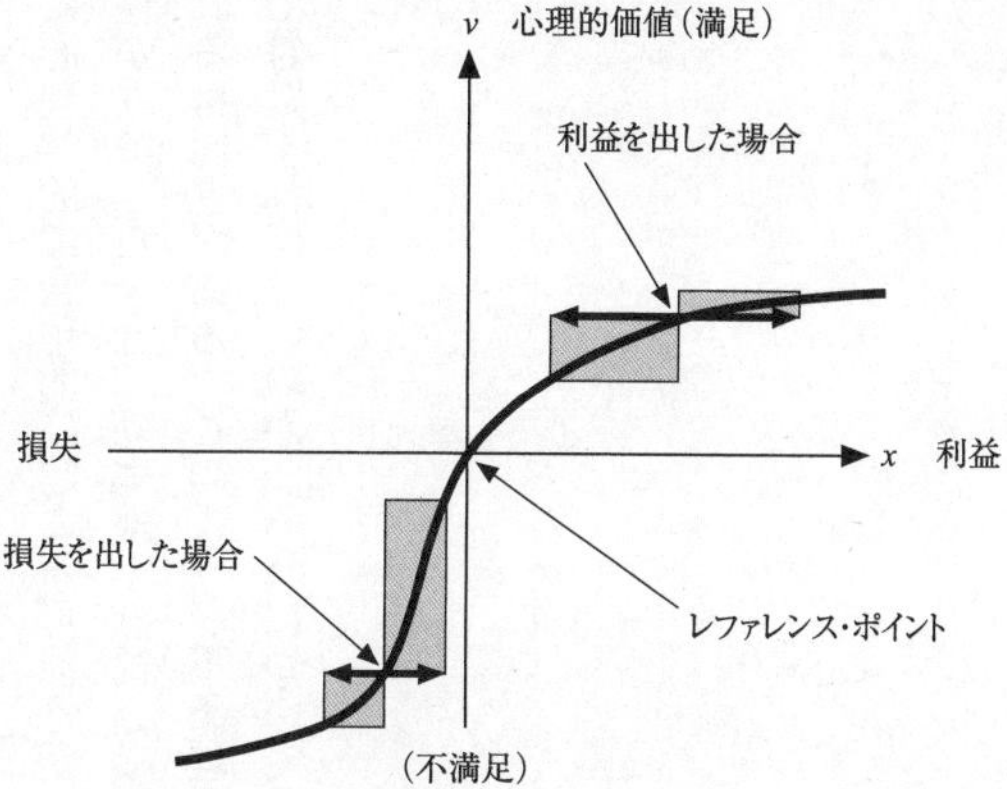


太平洋戦争の後期に牟田口が、敗北が決定的になっているにもかかわらずインパール作戦を中止できなかった行動と同じだといえる。

このように、利益が出ているときにはリスク回避的にすぐに利益を確定しようとするが、損失が出ているときにはリスクを好むように（リスク愛好的に）すぐには損失を確定しようとはしない。こうした行動は決して非合理なものではない。心理的には合理的なのだ。

しかし、そのような行動は客観的には必ずしも効率的ではなく、むしろ非効率的なことが多いので、結果的にそのようなリーダーの命令に従う組織は合理的に自滅していくことになる。これが〈タイプⅠ〉の組織の不条理である。

このように、リーダーによる不条理な命令は無知や非合理性のために起こるのではなく、まさに心理学的に合理的に起こる可能性がある。マイナスの心理状態に陥って、効率性と正当性が乖離《かいり》した場合、効率性を無視して正当性のもとに突き進むような不条理な命令が出される可能性がある。このような不条理な命令に出くわした場合、われわれはどのようにして対処すればよいのか（それについては後述する）。

## 第2章〈タイプⅡ〉の不条理——ガダルカナル戦での白兵突撃戦術

次に、私的個別性と社会的全体性の不一致が生み出す〈タイプⅡ〉の不条理について説明してみたい。

その典型的な事例として、太平洋戦争中期のガダルカナル戦における日本軍の行動を取り上げてみたい。ガダルカナル戦とは、昭和一七（一九四二）年八月から翌年二月にかけてソロモン諸島のガダルカナルをめぐって行われた戦闘で、陸軍は大敗を喫《きっ》した。そして、これ以後、日本の戦況は悪化の一途をたどるようになった。その意味で、この戦闘は、太平洋戦争における陸戦のターニング・ポイントとなった戦いである。

戦後の研究によると、ガダルカナル戦の敗因の一つは、米軍が近代兵器を駆使した効率的戦術を合理的に選択したのに対して、日本陸軍は精神主義にもとづく非効率な白兵突撃に非合理に固執した点に求められる。

しかし、これから説明したいのは、このまったく非効率な戦術を選択し続けた陸軍の行動にも合理性があったということだ。つまり、ここでの失敗の本質は人間の非合理性にあるのではなく、実は人間の合理性にあるということであり、それゆえガダルカナル戦は歴史における特殊なケースではないのだ。

なぜ陸軍は非効率な戦術に固執し続けたのか。この不条理を、一九九一年にノーベル経済学賞を受賞したR・コースや二〇〇九年にノーベル経済学賞を受賞したO・ウィリアムソンによって展開された取引コスト理論の光に照らして明らかにしてみたい。そのために、以下、まずこのガダルカナル戦について紹介することからはじめよう。

### （1）ガダルカナル戦

ガダルカナル島はオーストラリア近海のソロモン海に浮かぶ孤島である。当初、米豪遮《しゃ》断《だん》作戦を進めていた海軍の陸戦部隊がこの島を占領し、海軍設営隊が飛行場の建設を進めていた。

これに対して、開戦以来、日本軍に押され続けていた米軍は、この島の奪回を反撃の出発点として位置づけていた。そこで、一万六〇〇〇人の米軍兵士が、まだ手薄な状態にあったガダルカナル島に上陸し、この島を一気に占領したのである。

米軍の上陸を知った日本の陸海軍は、作戦上の要衝《ようしょう》であるガダルカナル島を奪回するために、逆上陸を開始した。ここに、日米最初の地上戦であるガダルカナル戦が展開されることになる。

## 一回目の白兵突撃作戦

当時、大本営陸軍部では、上陸した米軍の目的が一種の偵察、あるいは飛行場の破壊にあると考え、その数はおよそ二〇〇〇人であろうと甘く見積もっていた。加えて、フィリピンでマッカーサー大将率いる米軍と戦った際、直接戦闘することなく、米軍がすぐに逃げていったという経験から、その力を見くびっていた。そこで大本営は、ガダルカナル島に送りこむのは、小規模だが早く派遣できる部隊がよいと考えた。

さらに、大本営は諜報《ちょうほう》活動によって、米軍の本格的反攻は昭和一八（一九四三）年中期以降という情報をつかんでいた。また、本来、南方は海軍の担当であるという意識が強く、そもそも大本営陸軍部には、ガダルカナル島がどこにあるのか知らない者も多かった。

こうした状況で大本営は、一《いち》木《き》清直《きよなお》大佐率いる一木支隊を大本営陸軍部直属の第一七軍の指揮下に入れて、ガダルカナル島奪回を命じた。一木支隊は、もともとミッドウェー島に上陸する予定の部隊だったが、海軍がミッドウェー海戦で大敗したためグアム島に呼び

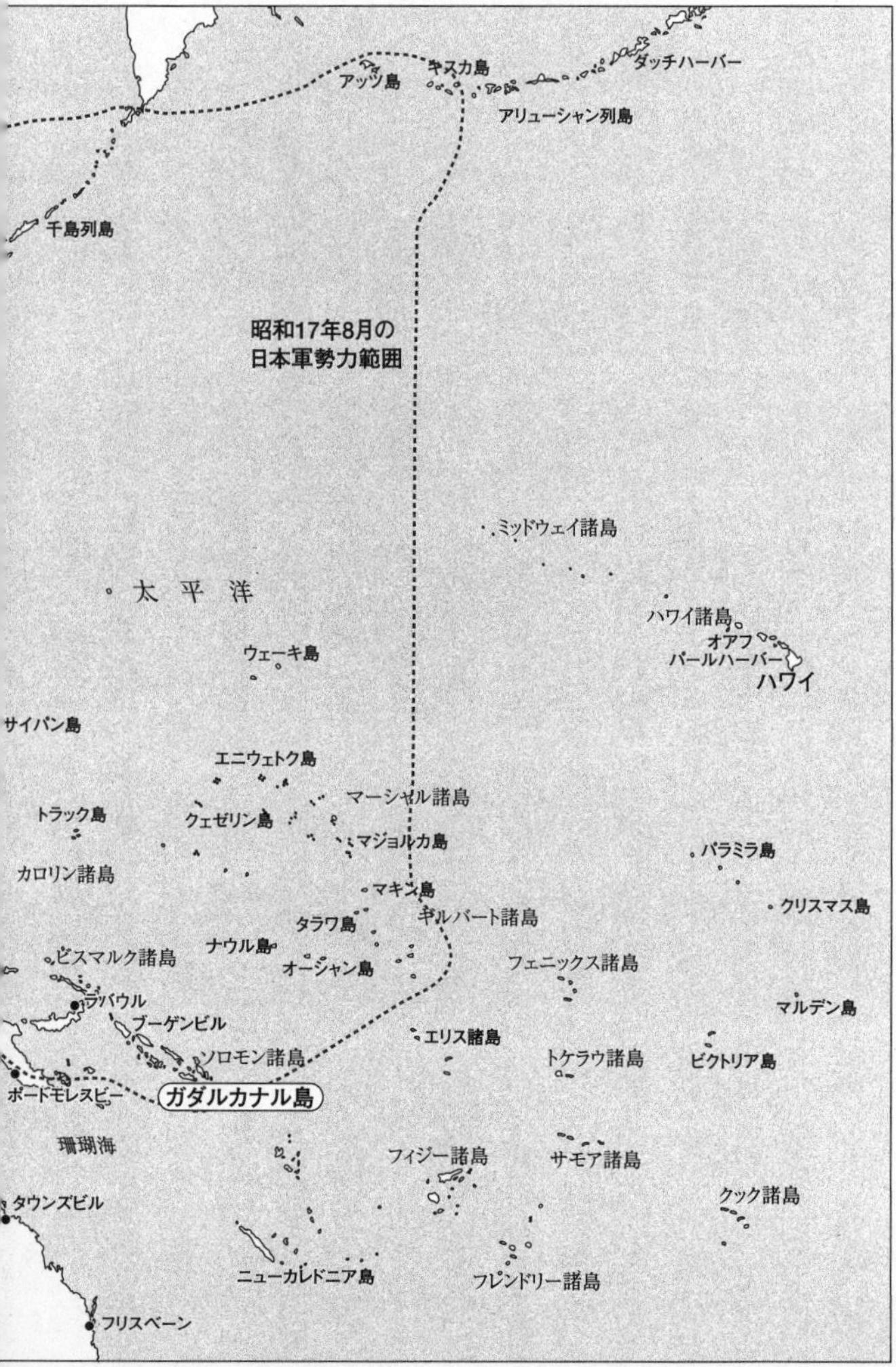
ダッチハーバー
キスカ島
アッツ島
アリューシャン列島
千島列島
昭和17年8月の
日本軍勢力範囲
ミッドウェイ諸島
太　平　洋
ハワイ諸島
オアフ
パールハーバー
ハワイ
ウェーキ島
サイパン島
エニウェトク島
マーシャル諸島
トラック島
クェゼリン島
マジョルカ島
パラミラ島
カロリン諸島
マキン島
クリスマス島
ギルバート諸島
タラワ島
ナウル島
ビスマルク諸島
オーシャン島
フェニックス諸島
ラバウル
マルデン島
ブーゲンビル
エリス諸島
ソロモン諸島
トケラウ諸島
ビクトリア島
ポートモレスビー
ガダルカナル島
珊瑚海
フィジー諸島
サモア諸島
クック諸島
タウンズビル
ニューカレドニア島
フレンドリー諸島
フリスベーン

図表2-1　ガダルカナル島の位置

図表2-2　第一回目の白兵突撃

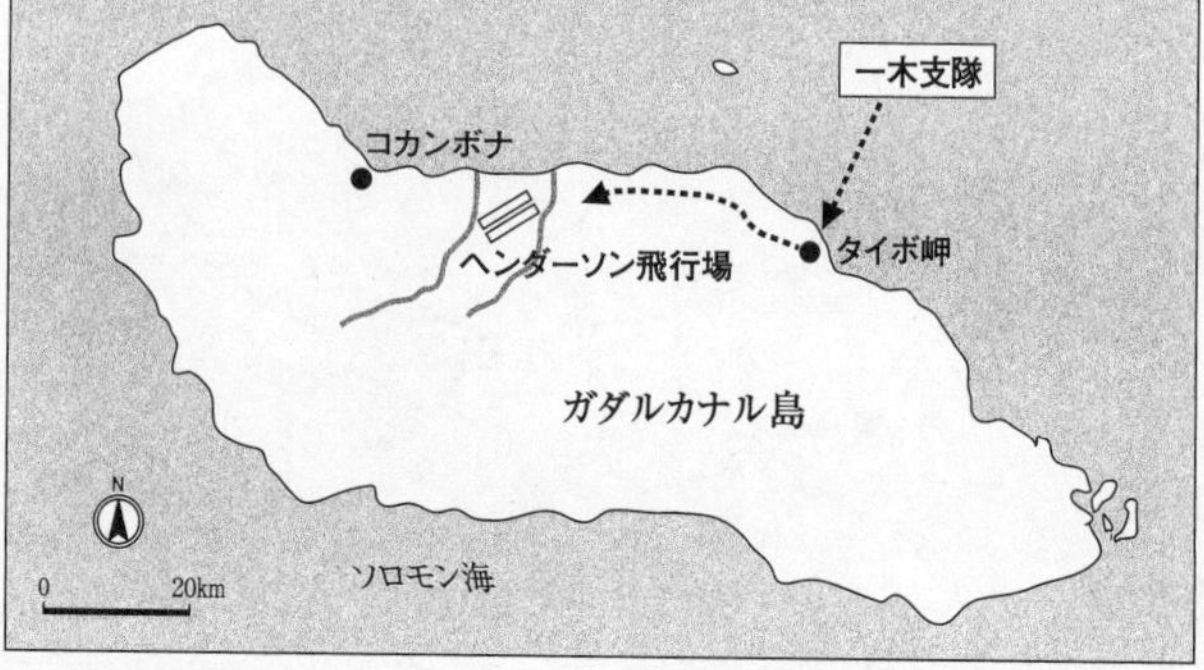


もどされ、一木支隊の本隊第七師団がある北海道旭川に引き揚げようとしているところだった。

一木大佐は、盧溝橋事件のときの大隊長であり、ベテラン中のベテラン将校であった。ミッドウェーを目指してきた彼は、すごすごと内地に引き揚げなければならないことに物足りなさを痛感していたところだった。だから、ガダルカナル島奪回の命令が下ったとき、彼はこれで旭川に土産話を持って帰ることができると喜んだ。

こうした状況で、第一七軍司令部は、敵が脱出しないうちに、まず先遣隊《せんけんたい》として一木支隊のうち九一六名を駆逐艦《くちくかん》六隻に分乗させて、ガダルカナル島のタイボ岬に上陸させた。そして、一木支隊は海岸沿いに行軍し、米軍が占拠する飛行場の再占領を目指した（図表２－２）。

一木大佐は島の様子を知るため、まず三二名の偵察部隊を送った。しかし、途中で米海兵隊の偵察部隊に撃滅されてしまった。島の住民から日本軍が上陸したとの情報をすでに得ていた米軍が、準備万端の状態で待ち伏せしていたからである。このことも知らず、一木大佐率いる一木支隊の先遣隊は、後続の一木支隊の上陸を待つことなく、昭和一七（一九四二）年八月二一日未明、緑色の照明弾を合図に、米国海兵隊が待ち伏せする飛行場へ突撃を開始した。

その際、選択された戦術は、陸軍伝統の夜間の「白兵突撃」であった。一木大佐は「白兵威力による夜襲で、飛行場占領までは銃剣突撃により、占領後初めて発砲を許す」と豪語して、軍刀を振りかざして突進していった。兵士たちも「敵情不明ナレド攻撃セントス」という陸軍伝統の精神に則り、銃の先に剣が付いた三八式歩兵銃を振りかざして、敵陣へとまっしぐらに突撃していったのである。

これに対して、米軍はアレクサンダー・バンデグリフト少将率いる海兵隊を中心に、機関銃、自動小銃、戦車、そして鉄条網といった近代兵器の数々と圧倒的多数の兵力のもとに、銃剣突撃してくる日本兵を徹底的に迎え撃った。

一木支隊は、米軍の銃砲火を浴びて瞬時に撃滅され、そして戦車によって徹底的に踏み倒された。夜が明けると、河口と海岸は日本兵の死体で埋まっていた。残る日本軍も完全に米軍に包囲され、朝が来たら米軍戦闘機が上空から攻撃してきた。

一木清直

　一木大佐は、歩兵第二八連隊の連隊旗を奉焼した。天皇陛下より下賜《かし》された連隊旗を敵に奪われるのは最大の恥辱《ちじょく》とされていたからである。とりわけ、歩兵第二八連隊の軍旗は日露戦争の際に乃木希典《のぎまれすけ》中将の下、旅順《りょじゅん》の二〇三高地攻略にも参加した歴史あるものだった。すでに内部が破れて外側のフサだけになっていたその軍旗を焼いた後、一木大佐は上着を脱いで正座、割腹し、最後にピストルで頭を撃ち抜いて自決した。

　この白兵突撃によって、一木支隊九一六名のうち、七七七名が戦死した。そして一五名が捕虜となり、残り約一〇〇名がジャングルに逃げ込んで増援部隊の到着を待つという最悪の結果になってしまったのである。

## 二回目の白兵突撃作戦

　しかし、一木支隊の先遣隊全滅の報は、参謀本部にとっても、そして第一七軍にとっても、必ずしも大きな衝撃を与えるものではなかった。わずか九〇〇名では、攻撃は失敗するかもしれないとの予感があったからである。

そこで、大本営は川口清健《かわぐちきよたけ》少将のもと、岡連隊の第一大隊（国生少佐）、第三大隊（渡辺中佐）、第二師団所属の第四連隊第二大隊（田村少佐）、そして一木支隊の残りである熊大隊の四個大隊（総計四〇〇〇名）から構成される川口支隊を形成し、再びガダルカナル島へ上陸させることを決定した。大本営では、辻政信中佐を中心に、米軍の反攻に対して、その緒戦において徹底的に打撃を与え、敵の戦意を喪失させるべきだという強気の意見が圧倒的だったのである。

ガダルカナル島は、当時、日本の戦線の最先端に位置していたラバウル海軍航空隊基地から東南約一〇〇〇キロにあった。しかし、支援攻撃が可能な海軍零式艦上《れいしきかんじょう》戦闘機（ゼロ戦）の往復航続距離は二〇〇〇キロであったため、空から陸軍のガダルカナル作戦を支援することはできなかった。

こうした状況で、海軍がガダルカナル島に建設していた飛行場が米軍によって占拠され、その後整備されて使用可能となったため、米軍はガダルカナル島の制空圏を完全に握ることになった。それゆえ日本軍はこれまでのように、ガダルカナル島に容易には上陸できなくなり、兵を日中、輸送船で大量に送り込むことがほとんど不可能になった。以後日本軍は、夜間の駆逐艦による高速逐次的な輸送、いわゆる「ネズミ輸送」への切り替えを余儀なくされた。

こうした中、川口支隊は米軍機による爆撃を受けながらも、陸軍五四〇〇名、海軍二〇〇名、高射砲二門、野砲四門、連隊砲六門、速射砲一四門、そして二週間分の食料を陸揚げした。その上で、一木支隊と同じ過ちを犯さぬように、今度は海岸線沿いではなく、道なきジャングルを迂回《うかい》し、ルンガ川の東側に沿って北上するルートをとり、米軍が守るヘンダーソン飛行場の背後にあるムカデ高地を目指した（図表2－3）。

そして、九月一三日午後九時五分、川口少将によって突撃命令が出された。その際、川口少将が選択した戦術は、一木支隊同様、陸軍伝統の「白兵突撃」であった。図2－3のように、左から国生、田村、渡辺、そして熊大隊の順にならび、日本兵は白鉢巻《しろはちま》きに白《しろ》襷《だすき》のスタイルで、白刃を振るいながら敵陣に乗り込んだ。なかでも国生大隊と田村大隊の一部は、丘を守る米軍の隙間を果敢に突破していったのである。

この銃剣を掲げての突撃行動に、米軍の戦線は一時的に混乱した。鼻先をかすめる銃剣に、そして、全身に弾丸を浴びながらなおも突進してくる日本兵の鬼気迫る形相に、米海兵たちはこれまで経験したことのない恐怖を感じたのである。米海兵の中には、虚脱状態になる者まで現れる始末だった。

恐怖心を振り払うように、米海兵たちは異様な叫び声に向かって手榴弾《しゅりゅうだん》を投げまくり、

図表2-3　第二回目の白兵突撃

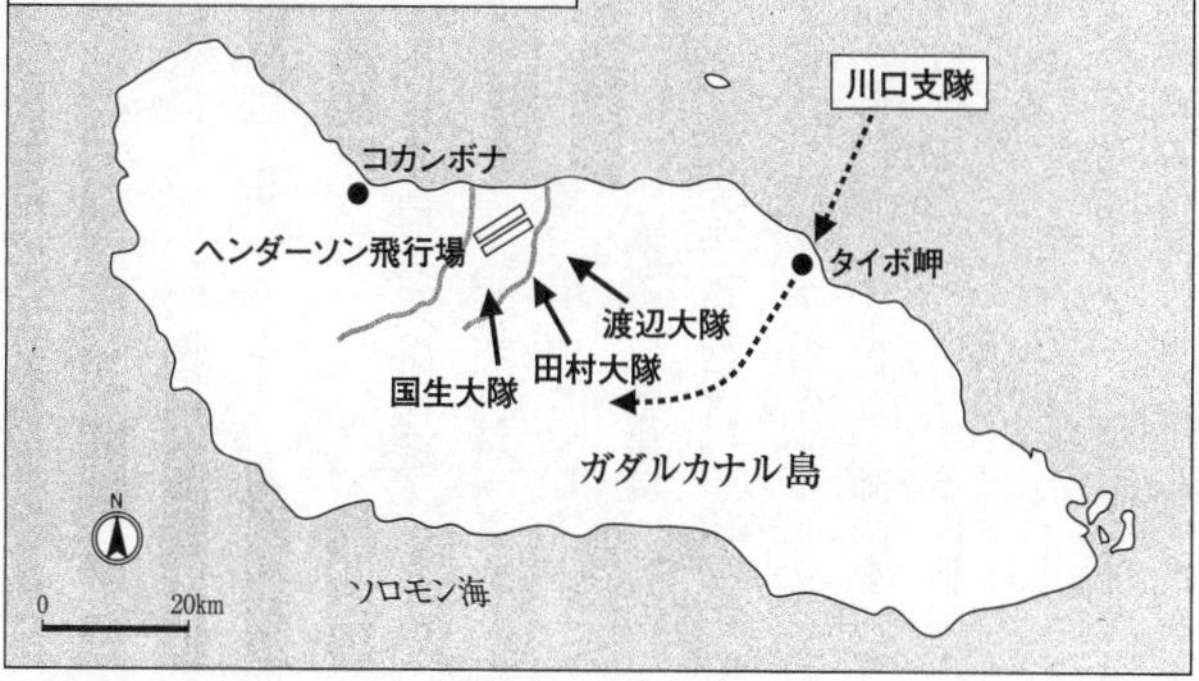


弾丸を発射し続けた。そして、その夜、やっとのことで丘を守り抜くことに成功した。

翌一四日朝、陽が昇ると、丘の全面に、折り重なるようにして横たわる無数の日本兵の死体が現れた。その後、この丘は、「血染めの丘」と呼ばれた。

この戦闘における日本軍の生存者は、攻撃に参加した主力三〇〇〇人中一五〇〇名にすぎなかった。国生第一大隊長と田村第二大隊長は米軍司令部近くまで進撃したが、結局、戦死した。渡辺第三大隊長は足を痛めたという理由で、副官とともにジャングルに潜み、その大隊も戦闘には積極的に参加しなかった。また、本来、先頭に立つはずだった川口少将も、攻撃命令を発した直後、道に迷ってしまい、まったく指揮をとることができなかった。

翌一五日早朝、川口少将から第一七軍司令官宛の報告が入電した。

「一二日夕刻、敵の東方陣地に対し、わが砲兵隊は予定の如く砲撃を開始せるも、主力はジャングルのために進出意の如くならず、一三日二〇〇〇攻撃を行いたるも、敵の抵抗意外に大にして大隊長以下多数の損害を蒙り、やむなく大川（ルンガ川）左岸に兵力を集結し、後図を策せんとす。将兵の健闘にかかわらず、不明の致すところ、申し訳なし」

### 三回目の白兵突撃作戦

川口支隊の攻勢失敗は、さすがに大本営に強い衝撃を与えた。開戦以来、陸軍部隊は英米軍に対して、ポートモレスビー方面での局所的な戦闘を除き、ほとんど敗れた経験がなかったからである。陸軍は、兵力が劣勢なときでも敵を撃破し、連戦連勝してきた。それが、ガダルカナル島では、米軍に対して完膚《かんぷ》なきまでの敗北を喫してしまったのだ。

そこで、大本営はこれまでのような単なる支隊の寄せ集めではなく、本格的に丸山政男中将を師団長とする第二師団を送り込むことを決定した。そして、今度は大本営陸軍部から辻政信中佐を中心とする作戦参謀たちがガダルカナルに派遣され、直接作戦指導に臨むことになった。

こうした状況の中、第一七軍司令官の百武晴吉《ひゃくたけはるよし》中将は、総攻撃を前に川口少将をラバウルの軍司令部に呼び出し、ガダルカナル島の状況について訊《たず》ねた。川口少将は、日本兵の飢えと疲労、島の地形の劣悪さ、そして航空、火力、電波探知機などの近代兵器を多用する米軍の戦力の強大さについて説明し、それに対抗するためには白兵突撃では覚束《おぼつか》ないことを主張した。しかし、それは必勝の信念に燃える司令部の反感を買うことになった。
また、十分な兵力、重砲、食料、そして空軍の支援がなければ、決戦を行うべきではないと主張し続けた川口支隊の二見《ふたみ》秋三郎《あきさぶろう》参謀長も司令部の不興《ふきょう》を買って、更迭されてしまった。その結果、現場の作戦指揮は、辻政信中佐を中心とする大本営から派遣された作戦参謀たちに握られることになった。

三度目となる今回の作戦では、歩兵約一万七五〇〇名が投入され、武器弾薬も米軍とほぼ同じ規模のものが用意された。しかし、島の上空の制空権は米軍が握っていたため、ガダルカナル島に上陸する際、六隻の輸送船のうち四隻が米軍機によって撃沈されてしまった。その結果、第二師団の歩兵部隊と、その上級組織である第一七軍司令部メンバーはほぼ全員上陸できたが、武器や弾薬、食料は完全に陸揚げすることができなかったのである。

第二師団の将兵を迎えたのは、ヤシの林から現れる一木支隊や川口支隊の残兵だった。軍服は破れ、帯剣もない兵士は、第二師団の将兵の米や弁当を盗むほど飢えていた。まさしく、このとき、「ガ島」は、すでに「餓島《がとう》」になっていたのだ。

当初の作戦では、先の二度の戦果を受けて、陸軍伝統の夜陰《やいん》に乗じた白兵突撃ではなく、重火器で海兵隊陣地を破壊するという正攻法の戦術が思案されていた。しかし、辻中佐が現地を視察した結果、選択した戦術は、またしても白兵突撃であった。辻中佐は、「砲爆撃をかいくぐって突撃し、白兵戦になれば絶対に勝てる」「背後から攻撃すれば敵は慌てふためく」などといって、積極的に作戦指導を行ったのである。

かくして、攻撃の主力である第二師団は、今回はコカンボナから出発、アウステン山南麓を迂回し、ルンガ川右岸から北進して飛行場を攻撃する計画を立て、次のような配置を定めた。

右翼隊―川口少将指揮
左翼隊―那須少将指揮
予備隊―岡第十六連隊
牽制《けんせい》隊―住吉少将指揮の砲兵隊

この攻撃で、右翼隊長となった川口少将の突撃方向は、前回と同じ「血染めの丘」であった。彼は、米軍の陣地が以前よりも強固になったことをはっきりと認識していた。それゆえ、もしこのまま計画を実行すれば、同じ結果になると考えて、丘を右に回り、草原から飛行場へと前進する迂回攻撃の必要性を辻参謀に説明し、これを第二師団長の丸山中将へ伝達してもらうように依頼した。しかし、その伝言は師団長に伝えられることなく、師

図表2-4　第三回目の白兵突撃

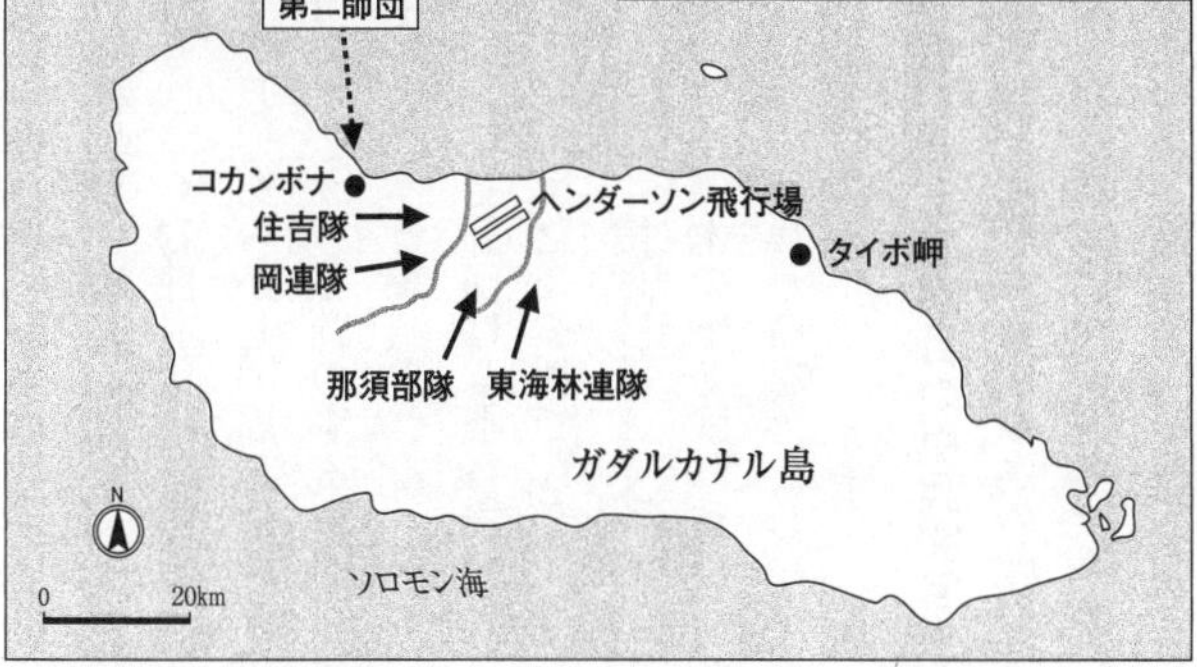


団長、参謀長、そして辻中佐によって、軍戦闘司令所に知らされることもなく、川口少将は総攻撃直前に非公式に罷免《ひめん》された。そして、川口少将の代わりに右翼隊の指揮を任されたのは東海林大佐であった（図表2－4）。

こうして、二四日夕刻、日本軍による三度目の「白兵突撃」作戦が行われた。攻撃直前に指揮を任された右翼の東海林大佐は、戸惑いを隠せなかった。そのため、草原を目標の飛行場と間違えて、飛行場占領の合図である「バンザイ」の電報を打ち、丸山中将、百武中将、そして山本五十六連合艦隊司令長官を歓喜させながらも、結局三〇分後に取り消すという失態を演じてしまった。

このとき、実際に、突撃を敢行していたのは那須連隊長率いる左翼隊だけだった。軍旗を先頭にした古宮正次郎大佐が率いる第二九連隊は、鉄条網を銃剣で切り破り、手榴弾を投げ、そして小銃を乱射して突進していったのである。米海兵たちは前回同様、戦友が倒れても、指揮官が倒れても、そして自分に弾丸が命中しても果敢に前進してくる日本兵に恐怖を抱き、夢中でライフルを撃ちまくった。

しかし、あらかじめ周辺にマイクロフォンを仕掛けておいた米軍は、日本軍の夜襲を音で察知、そうして音のする方向に砲撃を集中させたのである。この米軍の近代兵器の前に、日本兵は次々と撃滅された。

結局、第二師団は、飛行場突入はおろか、米軍と直接まみえる地点にたどり着くことすらできなかった。それでも辛うじて生き残った第二師団の兵士たちは、密林の中に退避した。しかし、彼らはそこで別の敵——飢餓とマラリアに襲われることになった。軍刀を杖にする将校、木の下で眠り続ける兵士、それを揺り動かす戦友……、結局二日間で五〇〇〇人以上の将兵が命を落とした。

## 中止された四回目の白兵突撃作戦

しかし、ガダルカナル島の戦いはこれで終わりではなかった。この第三回目の戦果を受けて、大本営では四度目の攻撃をめぐって激しい議論が展開されていたのである。

そこでは、「撤退すべき」という意見も出た。しかし、現地で作戦指導に当たっていた辻中佐は、大本営に現状を正確に伝えることなく、突撃兵不足を理由にあくまで戦闘継続を強く主張した。その結果、第四回目の攻撃を仕掛けるために、第三八師団一万三五〇〇人が大本営によってガダルカナル島に送り込まれたのだ。

しかし、物資を運ぶ船が米軍の爆撃機にことごとく撃沈されたため、第三八師団はガダルカナル島に上陸した時点で、すでに食料不足の危機に瀕していた。結果的に、第四回目の攻撃は中止されたものの、病気と飢えから命を落とす将兵が続出し、まさに最悪の結果になってしまったのである。

この無残な戦いの責任をとるために、第一七軍司令官百武晴吉中将は最後の突撃を敢行することを、新設の第八方面軍司令官今村均《いまむらひとし》中将に打電した。

しかし、今村はこれを許さなかった。今村は、「あなたが兵を飢えさせたのではない。二万の戦友の霊を見守るためにも生きてください」と説得し、百武の自決を思いとどまらせた。しかし、その後、百武中将は脳溢血で倒れ、半身不随となった。それを知らされた今村は、あのとき自決を許すべきだった、と後悔したといわれている。

こうした最悪の状態に追い込まれた日本軍にようやく撤退命令が下されたのは、翌昭和一八（一九四三）年一月四日のことだった。そして、同年二月一日から七日にかけて陸軍の今村均司令官と海軍の山本五十六長官は、具体的な撤退作戦を事細かに決め、その結果、約一万六六五名の兵士がガダルカナル島から救出されたのである。この間、奇跡的にも米軍の攻撃を受けることはなかった。

しかし、この撤退作戦は一方で問題も残した。飢えや病気で体が衰弱し、撤退の集結地にたどりつけなかった兵士たちを置き去りにしてきたからだ。彼らの姿は、生きている英霊だった、と後に帰還兵が証言している。しかし、救出された将兵もまた、日本に戻って慰労されたわけではない。ブーゲンビル島まで運ばれた後に、次の戦闘に駆り出され、結局大半が死んでいったのだ。

## 日本軍の非合理性

ガダルカナル戦における日本軍大敗の原因は、今日、さまざまに分析されているが、基本的には、近代兵器を駆使して戦った米軍に対して、夜襲による白兵突撃という非効率極まりない前近代的な戦術を四度までも取り続けようとした点に求められる。そして、こうした馬鹿げた行動に導かれた原因として、軍内部にはびこっていた非合理性が指摘されることが多い。

たとえば、当時の日本軍において、陸軍のターゲットはソ連であり、その戦略的方向性は常に中国大陸にあったのに対し、一方で海軍のターゲットは米国であり、その戦略的方向性は常に太平洋にあった。こうした陸海軍の戦略上の乖離は、総力戦として戦っていくためのグランド・ストラテジーを欠いていたことを意味する。それゆえ、陸軍は米軍の動きに十分注意を払うことがなく、その近代装備の威力を十分認識できなかった。この米軍に対する認識不足が、陸軍を白兵突撃という非効率な戦術に固執させた原因の一つだといわれている。

また組織レベルでも、陸海軍は相互に情報を共有しない非合理な組織であった。たとえば、ガダルカナル戦における第二回目の白兵突撃作戦が失敗した段階で、陸軍と海軍はそれぞれ別々にガダルカナル戦を分析していた。このとき海軍は、敗北の原因が敵に対する認識不足と補給の失敗にあることに気づいていたのだが、一方の陸軍は戦術の問題ではなく、あくまで突撃兵不足という量的な問題と考えていたのだ。しかし、この分析の帰結をめぐって陸海軍が相互に議論することはなかった。そのために、より効率的な戦術へと転換することができなかったといわれている。

さらに、作戦レベルにおいても、日本軍は現場からの情報を黙殺し、硬直的で官僚主義的思考のもとに机上のプランを立てる傾向があったという。とくに、作戦司令部は、現場からの作戦変更要求を無視する傾向があった。このように、フィードバックがなく、しかも情報を軽視して作戦を立てる日本軍の非合理性が、日本軍を白兵突撃という前近代的な戦術に固執させた原因の一つだといわれている。

以上のように、一般にガダルカナル戦の敗因は、日本軍の非合理性に求められることが多い。しかし、こうした議論のほとんどが、完全合理的な人間を基準として現実を分析したものであることに注意しなければならない。そこでは、もしすべての人間が完全合理的であるならば、白兵突撃などという非効率な戦術に固執することなく、より効率的な戦術が採用され、日本軍はより効率的に戦うことができたという分析がなされている。しかし、このような完全合理性にもとづく分析は、人間は完全合理的に行動すべきであるという実行不可能な提言しか生み出さない。

しかし、実際には、どんな人間も完全に合理的ではありえない。そこで以下、人間は完全合理的であるという立場ではなく、あくまで不完全な人間の立場、つまり限定合理性の立場からガダルカナル戦を再検討してみたい。その際に援用するのは、新しい組織論の一つである取引コスト理論である。

## （2）取引コスト理論

### 新古典派経済学

取引コスト理論は、伝統的な新古典派経済学を批判する形で出現してきた比較的新しい理論である。この理論の理解を深めるために、まず、伝統的な新古典派経済学の考え方から簡単に紹介しておきたい。

新古典派経済学では、人間は基本的に完全合理的に行動するものと仮定されている。このような完全合理的な世界では、人々は個々の商品間のわずかな優劣をも完全に識別することができる。それゆえ、もし既存の商品よりも優れた新商品が発売されたならば、人々は既存の商品から新商品へと容易に移行することになる。

この移行には摩擦は生じない。それゆえ、より優れた新商品の需要は高まり、価格も上昇する。そして、このような優れた新商品を製造・販売する企業は、高い価格で販売できることになるので、十分に利益が得られ、生き残ることもできるのだ。

逆に、新商品より劣る既存の商品は売れなくなり、その需要は減少し、価格も低下する。この場合、既存の商品を製造・販売し続けている企業は、やがて収入だけでは生産コストる。

このように完全合理性の世界では、市場のメカニズムによって、より優れた商品を、より安く製造・販売する企業が生き残り、より劣った商品を製造・販売する企業は淘汰される。つまり、市場は常に最善の答えを出すことになるわけだ。

市場のメカニズムにおいて、企業が淘汰されないためには、自らイノベーションを起こすか、あるいは成功している企業を積極的に模倣することが重要となる。しかも、利益がゼロにならないかぎり、新しい企業がどんどん参入してくるので、非効率的な企業は常に淘汰の危機にさらされる。これが新古典派経済学の考え方である。

## 反証事例

ここで、もしこの理論が正しければ、企業はより優れた商品を製造・販売しさえすれば、消費者は完全に合理的なので、必ず同業他社の商品に勝ち、淘汰されることはない。また、たとえ他社がより優れた商品を製造・販売したとしても、それを模倣することによって生き残ることができるだろう。いずれにしても、より優れた製品が生き残ることになるのだ。

ところが一九八〇年代になって、この新古典派経済学的な考えに対する反証事例が、経済史家ポール・デビッドによって発見された。普段、われわれが使っているコンピュータのキーボードの上段の文字配列は、左からＱＷＥＲＴＹ……となっているが、この文字配列の不思議に彼は気づいたのだ。

キーボードの標準的な文字配列（クワーティ・キーボード）は、一九世紀に完成した。当時はタイプライターの性能が悪く、速く打つと、文字を打ちつけるアームが絡まるという問題があった。この問題を解消し、指の動きをできるだけ遅くするために考案された配列が、このＱＷＥＲＴＹ配列だったのだ。

しかし、その後、タイプライターは電動化され、またコンピュータが登場し、より効率的な文字配列が考案されたにもかかわらず、いまだにＱＷＥＲＴＹ配列が使われている。その理由は、この配列が効率的だからというわけではない。それが、まったく偶然に採用され、いつの間にかデファクト・スタンダード（事実上の標準）になったからである。

これに類似する事例は、他にもある。コンピュータのＯＳにおいて、なぜマッキントッシュではなく、ウィンドウズが制覇したのか。なぜソニーの家庭用ビデオのβマックス方式が、ビクターのＶＨＳ方式との競争に敗れたのか。ウィンドウズもＶＨＳも、必ずしも絶対的に優れていたわけではない。

これらの現象は、いつでも市場が最善の答えを出すわけではないということを意味している。製造コストが安く、技術的に優れた商品が常に市場を支配するとは限らないのだ。

こうして、新古典派経済学に対する疑念が強まっていったのである。

## 取引コスト理論と不条理現象

多くの研究者は、新古典派経済学が仮定してきた人間の完全合理性に疑問を持った。そして、それに代わって登場してきたのが、Ｒ・コースやＯ・ウィリアムソンたちによって展開された取引コスト理論である。この理論では、人間の認識能力には限界があり、その限定された能力の中で人間は合理的に行動するという限定合理性が仮定される。

もし、人間が完全合理的であれば、人間はコストをかけることなく、容易に非効率な状態を変えることができ、決して不条理な状態に陥ることはないだろう。しかし、人間が不完全で限定合理的であれば、人間同士で取引をする場合、相手の不備に付け込んで自分に有利になるよう駆け引きが行われる。そのため、互いにだまされないよう契約前に相手を調査し、契約後も監視する必要が生じてくる。こうして、多大な「取引コスト」が発生するのである。

この取引コストの存在ゆえに、「不条理」な状態が発生する。それは、全体的に見て、明らかに現状を変化させたほうが効率的であるにもかかわらず、そうするには多くの利害関係者と交渉・取引する必要があるため、その際に膨大な取引コストが発生し、個人的には変化しないほうがむしろ効率的だという状態のことである。すなわち、取引コストによって全体効率性と個別効率性にズレが生じるため、個々人は全体効率性の達成を諦《あきら》めて個別効率性だけを追求するのである。

そして、この取引コストの存在を考慮すると、既存の商品を駆逐しようとして、より優れた新商品をストレートに製造・販売しても、それが売れるとはかぎらないことになる。というのも、既存の商品から新商品へ移行する場合、さまざまな局面で取引コストが発生するからである。

たとえば、会社に新しい機械設備を導入しようという場合、既存の特殊な機械設備に慣れ親しんでいる従業員は、いくら新しい機械設備の性能が良くても、導入には強く反発する可能性があり、彼らを説得するには多大な取引コストが発生するだろう。また、あるメーカーのゲーム機に慣れ親しみ、しかも、そのゲーム機をめぐって友人関係を築いてしまっている子供に、親が別のメーカーから新しく出た、より高性能のゲーム機を買い与えても、子供はそれで遊ぶとはかぎらない。おそらく、その新しいゲーム機で遊ぶよう子供を説得するには多大な取引コストが発生するだろう。このように、何らかの形で商品をある程度普及させることに成功してしまえば、市場を変化させるための取引コストは非常に高くなるのである。

したがって、限定合理的な人間の世界では、以下のような原理が成り立つことになる。すなわち、既存の商品が新商品より劣っていたとしても、新商品へ移行するのに必要な取引コストがあまりにも高いならば、人々は移行しようとはせず、あくまで既存の商品に固執する可能性がある。これがキーボードの文字配列、ウィンドウズ、VHS方式の成功要因の一つなのだ。

取引コスト理論に従うと、こうした現象は決して非合理的な現象ではなく、まったく合理的な現象とみなされる。現状が非効率であるとわかっていても、変化するには莫大な取引コストが発生するために、容易に移行できないのだ。移行しないかぎり、取引コストは発生せず、現状にわずかでもメリットを感じているならば、人間には現状に留まろうとする慣性が合理的に働いてしまうのである。

以下、この取引コスト理論の光に照らして、ガダルカナル戦における日本軍の行動を分析すると、それは非合理的なものではなく、まったく合理的なものとしてみえてくるのだ。

### （3）取引コストが生み出す組織の不条理

#### デファクト・スタンダードとしての白兵突撃戦術

ガダルカナル戦で展開された白兵突撃戦術は、日清・日露戦争以後、陸軍ではほとんど選択の余地のないデファクト・スタンダードとなっていた。そのことは、明治四一（一九〇八）年五月に教育総監部から発行された「戦法訓練の基本」の原則からも十分読み取れる。そこでは、陸軍においては将来も物的資源が不足すると考えられるため、基本的に精神訓練が必要であり、戦法はこの攻撃精神にもとづく歩兵中心主義に徹し、主に白兵戦に主眼をおく必要があるということが強調されている。白兵戦術は日本のような物的資源の少ない国の軍隊に適合し、この戦術を推進すればするほど、陸軍は効率的に資源を蓄積しえたのである。

しかし、このような精神主義を基礎とする白兵突撃戦術も、すでに第一次大戦後の時点で、明らかに非効率的で時代遅れの戦術になっていた。そして、日本軍の中にも、この戦術が必ずしも効率的でないことを認識していた者もいた。事実、太平洋戦争直前のノモンハン事件では、近代装備のソ連軍を相手に白兵突撃戦術は功を奏さず、大きな打撃を受けた。その際、現場の将兵から白兵突撃戦法の非効率性が指摘され、報告されてもいたのである。

だが、満州事変、日中戦争、香港攻略作戦、シンガポール攻略作戦、そしてビルマ攻略作戦において、白兵突撃戦術は効果的だった。敵が驚いて逃げてくれたからだ。こうして陸軍は白兵突撃戦術に完全にロック・インされていた。

このような伝統を持つ白兵突撃戦術が、ガダルカナル戦の第一回目の失敗によって、あるいは第二回目の失敗によって、柔軟に変更できただろうか。戦術を再考し、合理的かつ効率的な戦術に作戦を変更することが当時の陸軍にできただろうか。

それは、ほとんど不可能に近いことであった。というのも、そうすることになれば、陸軍は巨額のコストを負担しなければならないような状況に置かれていたからである。

## 白兵突撃戦術の変更コスト

当時、陸軍はガダルカナル戦に至るまでに、白兵突撃戦術に適合するよう、組織的かつ制度的に数多くの特殊な投資を行っていた。たとえば戦車に関していえば、米軍のような重戦車ではなく、歩兵を主体とする軽戦車や中戦車の開発に投資していたのである。また銃に関しても、米軍はいち早く自動小銃M1を正式採用したのに対して、陸軍は手動連発小銃の開発に投資してきた。また明治以来、陸軍は、乃木希典に代表されるように、精神主義にもとづく白兵銃剣主義を具現化した者を高く評価することで、指導者や部隊を育成する組織文化を醸成してきた。この文化を最も忠実に受け継いでいたのは、成績優秀者から構成される大本営陸軍部のエリートたちであった。そして、太平洋戦争における諸戦闘に従事した将兵たちや彼らが率いる部隊にも、それはしっかりと受け継がれていた。たとえばガダルカナル戦においては、仙台第二師団のように、夜襲による白兵突撃によって過去に功績を挙げた部隊が参加していたのである。

　さらに陸軍は、日清・日露戦争以来、多大な教育コストをかけて兵士を訓練してきた。撃たず、喊声《かんせい》もあげず、無声殺致、白刃を擬して風のごとく敵に迫ることを、日々教え込まれてきたのである。

　そして、陸軍の戦闘組織は、白兵戦を基礎として構成されていた。すなわち、歩兵が中核として突出するような特殊な組織制度になっていたため、〝砲歩分離〟の状態で戦闘を行うことも多かったのである。

　このように数多くの特殊な投資がなされていたわけだから、もし別の戦術を採用することになれば、これら特殊な投資はすべて回収できない埋没コストになる。しかも、この変更に反発する多くの利害関係者を説得するために、膨大な取引コストが発生していた可能性もあるのだ。

そして何よりも、白兵突撃戦術を放棄して別の戦術を採用して命令すれば、日清・日露戦争以来、この戦術のもとに戦死した膨大な数の兵士たちの命、それ自体が回収できない埋没コストになってしまう——それゆえ、白兵突撃戦術による戦闘で敗北を喫すれば喫するほど、戦術変更にともなうコストもまた増加するというスパイラルにはまってしまっていたのだ。

この表面には現れない巨大なコストの存在に、頭脳明晰《めいせき》な辻政信中佐ら大本営のエリートたちは気づいていたにちがいない。しかし、まさにそれゆえに、陸軍はガダルカナル戦において戦術を変更できなかったのだ。たとえ白兵突撃戦術が時代遅れで非効率的な戦術であったとしても、依然としてそれを採用し続ける方がまだしも効率的であったし、しかも帝国軍人としても正当だったという不条理な状況に置かれていたのだ。

このように、ガダルカナル戦における陸軍の白兵突撃戦術へのこだわりは、実は無知や非合理性ゆえの行動ではなく、むしろ当時の陸軍にとって合理的な行動だったといえる。

そして、こうした人間の限定合理性が、非効率的でナンセンスな戦術に陸軍をロック・インさせ、多くの犠牲と悲劇を生み出したのだ。その意味でガダルカナル島は、まさに人間の限定合理性が生み出した不条理な戦場だったといえる。

## 不条理発生のメカニズム——取引コストの存在

ここで注意しなければならないのは、社会的効率性を無視して個別効率性だけを追求し破滅していくような不条理な行動は、決して当時の陸軍に固有の現象ではないということだ。限定合理的な人間の世界では、取引コストが常に至るところで発生するために、このような不条理な現象はいつでもどこでも起こりうるのだ。

そして、このような不条理な行動は、陸軍だけではなく、実は海軍にも見られた。

戦艦と戦艦との一騎打ちから、戦闘機を中心とする空母による近代戦へと戦術が変化していたにもかかわらず、なぜ太平洋戦争の末期、海軍は航空機の護衛のないまま戦艦の突撃作戦を無意味に繰り返し、最後には丸裸の戦艦大和を沖縄に突入させる作戦を遂行してしまったのか。その戦術は、後の目から見れば、非効率で非合理極まりないものである。そして、そのことは当時の海軍上層部も重々承知していたのだった。

しかし、海軍にとって、海軍の象徴である巨大戦艦「大和」や「武蔵」をはじめとする軍艦群を温存したまま戦いに敗れることは、非常に高いコストを生み出すものであった。もし残しておけば、戦争が終わった後、それらは米軍に接収され、戦利品として見世物にされる可能性があった。それは海軍にとって最大の恥辱であったはずだ。また、「大和」や「武蔵」を温存することになれば、それをよしとしない人々を説得する必要があり、その際に生じる取引コストは巨大なものになることが予想できたのである。

それを考慮したために、陸軍がガダルカナル島で展開した前近代的な白兵突撃とまったく同じように、海軍もまた非効率で非合理な戦艦による海上特攻を行わざるをえなかったのだ。それは、社会的にみれば明らかに非効率的であったが、海軍にとっては効率的でかつ合理的だったのである。

同じような事例は、実は現代の企業でも多く見られる。

たとえば、一九九七年に経営破《は》綻《たん》した北海道拓殖銀行。拓銀は、バブル期、建設会社カブトデコムによる総事業費一〇〇〇億円のホテル・プロジェクト、「ホテルエイペックス洞爺」の建設を全面的にバックアップした。単なる資金提供に留まらず、計画段階から行員を派遣し、リゾート会員権を拓銀傘下の「たくぎん保証」が販売保証するなどして、拓銀自身も、このホテル・ビジネスを通して生き残りを図ろうとしたのである。

しかし、バブルが崩壊した後、このホテル・ビジネスの見直しがなされた際に、先行き成功の見込みがかなり小さいことが確認された。しかし、このとき、拓銀はこのホテル・ビジネスを中止し、処理することができただろうか。もしそうすれば、これまでの巨額の融資はそのまま巨額の埋没コストになるとともに、このホテル・ビジネスをめぐる多くの利害関係者を説得する必要が生じ、その際に巨大な取引コストが発生してくる懸念があった。

こうして、拓銀はホテルを潰《つぶ》して償却するという選択をせず、延命資金を追加注入し、不良債権をさらに増加させていったのである。

その結果、このホテル・ビジネスは成功を収めることなく、拓銀は破綻してしまった。経営陣が無知で非合理であったから、このホテル・ビジネスを処理できなかったのではない。いや、むしろ合理的であったために、結論を先延《さきの》ばしせざるをえない状態に陥っていたのである。

また、かつて「コピーの三田」で有名だった三田工業（現・京セラドキュメントソリューションズ）も同じ轍《てつ》にはまった。輸出を中心に業績を伸ばしていた三田工業は円高をきっかけに赤字に転落し、一九八六年頃から粉飾決算に手を染めるようになった。それでも赤字は隠しきれず、九八年八月、ついに会社更生法を申請した。その際に、長年の粉飾の実態が明らかになったのである。

この一件においても、経営陣と会計士のとった行動が、非合理で非効率だったとは言い切れないところに、問題の複雑さがある。当時の経営者にとって、経営の実態を公表すれば、信用を大きく失い、直ちに債権の回収が図られる可能性が十分あったわけである。それを阻止するためには、多くの利害関係者と交渉する必要があることはいうまでもない。

このとき三田工業は、実態を開示することで得られるベネフィットよりも、発生する取引コストの方がはるかに大きいという状況に陥っていた。その際、粉飾を続ける方が、経営者にとっては合理的な選択になる。こうして、合理的に不正に導かれたという意味で、このときも不条理な状況が生じていたのだ。

このような例は枚挙《まいきょ》に暇《いとま》がない。道路やダム、橋の建設などの公共工事をなぜ途中でストップできないのか。それは中断することによって、長年にわたって投資してきた資金や手間を回収できないことから多大な埋没コストが発生するとともに、その建設に利害関係のある多くの人々を説得する際に、膨大な取引コストが発生してしまうからだ。

また、伝統的な日本企業のように内部昇進の多いトップ・マネージメント組織も、一度歯車が狂いはじめたが最後、変革できないケースが多い。長年にわたる多大な努力の結果、やっと役員になれた人たちにとって、これまでの会社の方針や人事制度を抜本的に改革することは難しいだろう。変革すれば、彼らがこれまで積んできた努力が無駄になるとともに、自分たちの存在意義すら失う可能性も出てくる。そうなると彼らは、企業の抜本変革に対して激しく抵抗するだろう。改革に合意するとしても、「私が退職してから変革してくれ」などということも考えられる。このとき膨大な取引コストが発生する。したがって、彼らに改革を期待するのは難しい。

以上のように、人間の世界には、単なる無知や非合理では説明できない不条理なことが数多く起こる。そして、それを免れることは非常に難しい。それは人間が限定合理的であるため、変化にともなって常に「取引コスト」が発生する可能性があり、この取引コストが〈社会全体の利益・効率性〉と〈個別組織の利益・効率性〉を不一致にするからだ。こうして組織のリーダーは、合理的に社会性を無視して、個別組織の私的利害を追求するような不条理な命令を行い、組織は合理的に失敗することになる。これが、不条理が発生するメカニズムだ。

では、このような不条理を避けて通ることはできないのだろうか。

# 第3章　命令違反のすすめ

## ドイツ軍を勝利に導いた命令違反

第1章と第2章で説明した二つのタイプの不条理――〈正当性と効率性の不一致が生み出す不条理〉と〈私的個別性と社会的全体性の不一致が生み出す不条理〉――そして、これによって生じる不条理な命令は、決して歴史上たまたま現れた一回限りの現象ではない。では、このような不条理な命令に遭遇したとき、われわれはどのように対処すればいいのだろうか。

それには、さまざまな対処方法が考えられるが、最終解決案として私が挙げるのは、「命令違反」である。

一般に、組織において最も重要なことは、組織の倫理や規律、規範を守ることである。そのため、組織のメンバーは常に上司や上官の命令に従う必要がある。そんな中、命令違反を認めてしまうと組織は成り立たない。とくに、上下関係や規律に最も厳しい軍隊において、命令違反は絶対的に認めてはならず、もしそれがまかり通ってしまうようなら、組織は存亡の危機にさらされることになるだろう。

しかし、歴史をさかのぼると、軍隊組織においては、しばしば命令違反が起こっている。たとえば、一九世紀のドイツの名参謀フォン・モルトケは、普仏戦争（一八七〇〜七一）の際、部下に命令違反の自由を積極的に認めた。現場ではなく後方で各軍を指揮していることに限界を感じていたモルトケは、現場の状況によっては中央の命令を無視し、各軍に独断専行の余地を認めたのである。こうして部隊のモチベーションは高まり、ドイツ軍を勝利に導いたのである。

命令違反は組織を混乱させ、退化させる可能性がある一方で、組織に活力を与え、進化させる可能性もおおいにある。この矛盾の中に、先に挙げた二つのタイプの不条理を解決するヒントがあるのだ。

### 組織倫理上は不正だが、組織経済的には効率的

では、ここで、なぜ組織における不条理な命令に対して、命令違反が最終解決案となるのかについて述べてみたい。

もし、人間が完全合理的であるなら、そのような人間からなる組織では、常に正当性と効率性が一致する。上官や上司は常に正しくかつ効率的な命令を部下に下し、部下も上官や上司の命令が正しくかつ効率的であることをしっかりと理解しているので、それに服従する。それゆえ、正当性と効率性が一致しない〈タイプⅠ〉の不条理は起こらない。完全合理的な命令者は、可能な選択肢の中から常に最適な解を選択して命令を下し、完全合理的な受令者もまた、命令に違反した場合と命令に服従した場合とを秤《はかり》にかけ、その結果、命令に服従することが組織倫理的に正当であり、かつ組織経済的にも効率的であることが理解できる。そのため、完全合理的な人間からなる組織では命令違反は起こらないし、その必要もないのだ。

また、完全合理的な人間からなる組織では、常に私的個別性と社会的全体性が一致する。私的に見て正当なことは社会的にも正当であり、同様に私的に効率的なことは社会的にも効率的なものとなる。それゆえ、私的個別性と社会的全体性が一致しない〈タイプⅡ〉の不条理も起こらない。このような組織では、上司も部下も誤りを起こさないので、組織は退化することも進化することもない。静止している状態か、あるいは等速運動している状態の組織となる。そしてそれは、危機にさらされることのない、完全で不変の組織だ。

しかし残念ながら、このような組織は神々から構成された超人的な組織であって、人間的な組織ではない。われわれ人間の能力には限界がある。そして、この限定された能力の中でしか、人間は合理的に行動することができないのだ。

このような限定合理的な人間から構成される組織では、正当性と効率性とが常に一致する保証はまったくない。上官や上司が、明らかに非効率的で不正な命令を部下に下し、強制することもあるのだ。そして、もし部下が上司のこの命令に従うならば、組織はその非効率性ゆえに自滅の危機にさらされることになるだろう。

同様に、限定合理的な人間から構成される組織では、私的個別性と社会性が常に一致する保証もまったくない。上官や上司が、明らかに非効率で反社会的な命令を個別組織のためだと思って部下に下し、強制することもあるのだ。そして、もし部下が上司のこの命令に従うならば、その組織は反社会性ゆえに淘汰の危機にさらされることになるだろう。

以上のような不条理に陥った場合、部下が上司や上官に対して命令違反することは、組織倫理上は不正だが、組織経済的には効率的であり、しかも組織の消滅や淘汰の危機を回避することにつながる。そして、部下の命令違反が何らかの仕組みやルールのもとに認められているような組織では、上司や上官の命令が生み出す非効率や不正が、部下の命令違反によって排除される可能性があるのだ。それゆえ、このような仕組みやルールを持つ組織は、健全な組織であるといえる。命令違反によって消滅や淘汰の危機を回避でき、むしろ組織を進化させる可能性すら出てくるからだ。

## 勇気ある部下と、勇気あるマネージメント

戦後、右肩上がりの高度成長を達成してきた日本企業では、部下は上司に逆らうことなく、穏便に仕事をこなすことによって、比較的容易に出世の階段を上りつめることができた。また、上司の方も、命令に違反する部下が現れないような保守的なマネージメントを行うことによって、比較的容易に地位を守ることができた。こうした時代があまりにも長く続いたために、一方で命令違反ができない従業員が多くなり、他方で命令違反を許容しない偏狭《へんきょう》な管理者や経営者が多くなってしまったのだ。

右肩上がりの時代が終わった今、企業には、絶えず環境の変化に適応することが求められている。しかし、日本の組織にはまだ右に挙げたような傾向が根強く残っている。そのせいか近年、日本の民間企業や官僚組織では、さまざまな事件や不祥事が発生している。その多くが、部下が上司の命令を、それが不正で非効率的であることを知りつつも、命令違反できず、忠実に従った結果引き起こされたというものである。

不正が発覚した後、多くの組織が、経営悪化や倒産、組織の再編など、致命的ともいえる打撃を受けている。それは、誰かが勇気をもって何らかの形で上司の命令に違反さえし

ていれば、未然に防ぐこともできたのである。しかし、部下の命令違反を認めない不健康な組織だったために不正が行われ、それが白日の下にさらされた挙げ句自滅してしまったのだ。

その意味で、命令違反をファイナル・ソリューションとして行う勇気ある部下と、それを許容する勇気あるマネージメントを展開する上司や経営者が必要な時代が来ているといえる。その仕組みやルールが組織の危機を救い、組織を変え、また組織を進化させ、組織の運命の扉を開くのだ。

続く第Ⅱ部では、第Ⅰ部に続いて、命令違反に対して最も厳しいといわれる軍隊組織の事例を取り上げ、命令違反には「良き命令違反」と「悪しき命令違反」があることを述べる。そして、「良き命令違反」を「良き独断専行」、あるいは「良きモラル・ハザード」として許容するような仕組みやルールを持った組織こそが、二つのタイプの不条理を克服し、結果的に健全な形で持続でき、そして絶えず進化できることを説明してみたい。

# 第Ⅱ部 〈タイプⅠ〉の不条理を打破する命令違反

組織における二つの不条理の内、〈タイプⅠ〉の不条理とは、インパール作戦における牟田口廉也中将の事例で見たように、自らの心理的価値（＝満足）を高めるために、効率性を無視し、正当性だけを追求した結果、合理的に失敗に陥るというものであった。そこで下される上司や上官からの不条理な命令に、部下はどう対処すべきか。

これに対する私の答えは、何度も繰り返すが、命令違反である。命令違反する部下と、部下のそのような行動を最終的に許容するマネージメントが、組織にはどうしても必要なのであり、それが組織を健全なものにするのだ。

しかし、すべての命令違反が許容されるべきというわけではない。命令違反には、「良い命令違反」と「悪い命令違反」があるのだ。

正当性と効率性とを一致させるような命令違反こそが、不条理を回避する「良い命令違反」である。しかし、効率性を無視して正当性だけを追求するような命令違反や、正当性を無視して効率性だけを追求するような命令違反は、いずれも最終解決案にはなりえない。正当性と効率性を乖離させてしまう命令違反は、逆に組織を失敗へと導いてしまうのだ。

この違いを理解してもらうために、次の第4章では、ペリリュー島で行われた中川州男《くにお》大佐の「良い命令違反」を、続く第5章では、ノモンハン事件で行われた辻政信中佐の「悪い命令違反」を紹介する。そして最後に、両者の命令違反の違いが、どのような行動原理にもとづいていたのかを、第1章で紹介した最新の行動経済学を用いながら、私固有の解釈を展開してみたいと思う。そこに、〈タイプI〉の不条理を解決するヒントがある。

# 第4章　ペリリュー島での中川州男の良い命令違反

## （1）中川州男

### 水際撃滅作戦と洞窟陣地持久作戦

太平洋戦争の緒戦では勝利を重ねていた日本軍も、ガダルカナル戦以後、攻勢に転じた米軍に押され、徐々に劣勢に回るようになった。このような状況の中、南太平洋の島々では日本軍の守備隊が大本営の作戦指導に忠実に従い、「水際撃滅作戦」を遂行していた。「水際撃滅作戦」とは、島に上陸してくる無防備な米軍を、水際で攻撃する作戦だった。

これに対して、米軍は次のような手に打って出た。上陸する前に、陸に向かって徹底的に艦砲射撃を行い、日本軍の水際陣地を完全に崩壊させた上で、上陸してきたのである。圧倒的な兵力と最新兵器を前に、日本軍の守備隊は為す術《すべ》もなく、各地でいたずらに玉砕が繰り返されることになった。

そんな中、「水際撃滅作戦」とは逆に、米軍を島に引き込み、洞穴に隠れて長期持久戦に持ち込む「洞窟陣地持久作戦」をペリリュー島で展開してみせたのは、中川州男大佐であった。

この戦術は、ガダルカナル戦以来連戦連勝を重ねていた米軍を大いに悩ませることになった。そしてさらに、相次ぐ敗退により閉塞していた日本軍に新しい息吹を与え、陸軍の組織を自生的に変革させ、また戦術におけるパラダイムの転換を巻き起こしたのである。

その後展開された硫黄島での栗林忠道中将の戦術も、沖縄戦での高級参謀八原《やはら》博通大佐の戦術も、その原点はいずれも中川大佐のこの戦術にあった。そして、彼のこの命令違反の事例に、〈タイプI〉の不条理を解くカギがあるのだ。

中川州男

## 強い信念の持ち主

明治三一（一八九八）年に熊本県に生まれた中川州男は、父親が小学校の校長という厳格な家庭の中で育った。彼は陸軍士官学校の三〇期で、大正一二（一九二三）年に士官候補生として久留米歩兵第四八連隊に入隊した。

中肉中背で平凡な風貌、そして寡黙。外見から評するとそういうことになるのだが、その内面は血あり涙ありの人物だった。そして、いったん腹を決めたら梃子《てこ》でも動かない強い信念の持ち主でもあった。

もともと中川は、満州北部黒竜江省嫩江《ノンチャン》の関東軍最強と呼ばれた第一四師団水戸歩兵第二連隊に駐屯していた。しかし、南方戦線で米軍の反撃に遭い、戦況が悪化していったため、南太平洋のパラオ島から南へ四〇キロほど離れたペリリュー島に赴任するよう命じられたのだった。当時の多くの軍人がそうであったように、彼もまた自分の死に場所が与えられたと思ったにちがいない。離島での戦いは玉砕《ぎょくさい》して終わる——当時誰もがそう思っていたのだ。

### 覚悟と決意

中川大佐は、中国大陸からペリリュー島へ出征する前に、一度、日本に立ち寄ることが許された。そのときのことを夫人は、「今日は意気を見せに参りましたと、若い方がた十数名くらいでしょうか。うす暗い電灯のもとで、いつもと変わりなく、飲んで討伐《とうばつ》行の歌を誰かが歌い出す。そして、合唱される。〝どこまで続くぬかるみぞ、三日二夜も食もなく、雨降りしぶく鉄かぶと〟。中川はただ黙々と、ジッとうなずいて聞き入っていたあの情景が今なお昨日の事のように思えて、涙する日がございます」と後に語っている（堀江〈1968〉270頁）。

一時的な帰国であったが、短くも平和な時間を自宅で過ごすことができた中川大佐は、戦地への出発に際して、夫人に夏服だけではなく冬服も用意するように命じた。このとき、彼はペリリュー島での戦いが長期戦となることをすでに予感していたのだ。

そして、今度の出征を最後に、二度と祖国の土を踏むことはない――そのことも十分承知していた。しかし、彼は日本帝国の軍人らしく、それを夫人に告げることは一切なかった。出征の日、中川大佐は夫人に挙手の敬礼で立ち去った。

米公刊戦史には、「パラオ方面には、約三万五千の兵士がいた。日本軍には一流の将校が三名いた。それは井上と多田と中川であった。井上の頑強、多田の知謀、中川の意志によって米軍は痛めつけられた」と記されている。

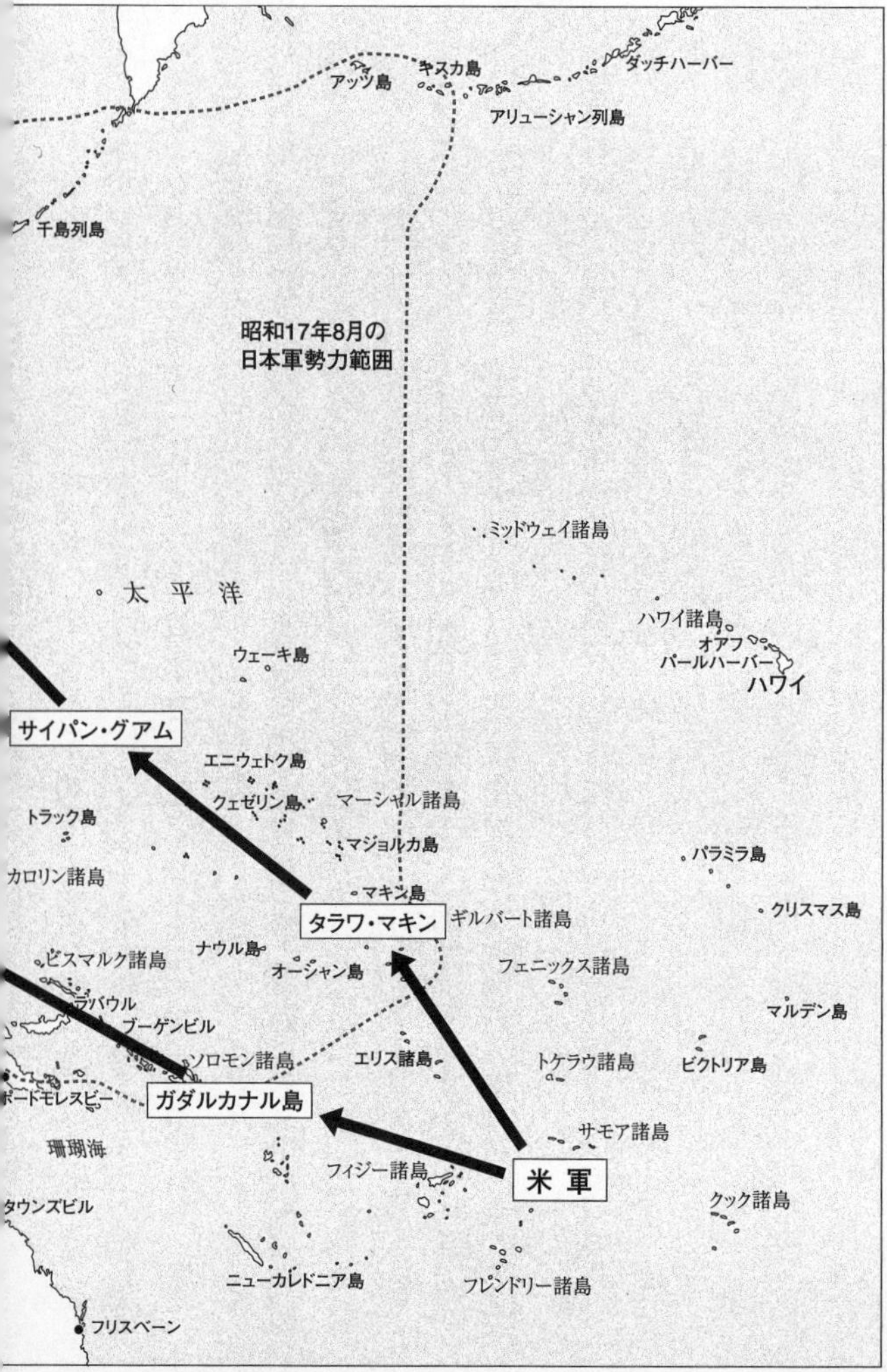

キスカ島
アッツ島
ダッチハーバー
アリューシャン列島
千島列島
昭和17年8月の
日本軍勢力範囲
ミッドウェイ諸島
太 平 洋
ハワイ諸島
オアフ
パールハーバー
ハワイ
ウェーキ島
サイパン・グアム
エニウェトク島
クェゼリン島
マーシャル諸島
トラック島
マジョルカ島
パラミラ島
カロリン諸島
マキン島
タラワ・マキン
ギルバート諸島
クリスマス島
ナウル島
ビスマルク諸島
オーシャン島
フェニックス諸島
ラバウル
マルデン島
ブーゲンビル
ソロモン諸島
エリス諸島
トケラウ諸島
ビクトリア島
ポートモレスビー
ガダルカナル島
サモア諸島
珊瑚海
フィジー諸島
米 軍
タウンズビル
クック諸島
ニューカレドニア島
フレンドリー諸島
フリスベーン

図表4-1　西太平洋方面一般図

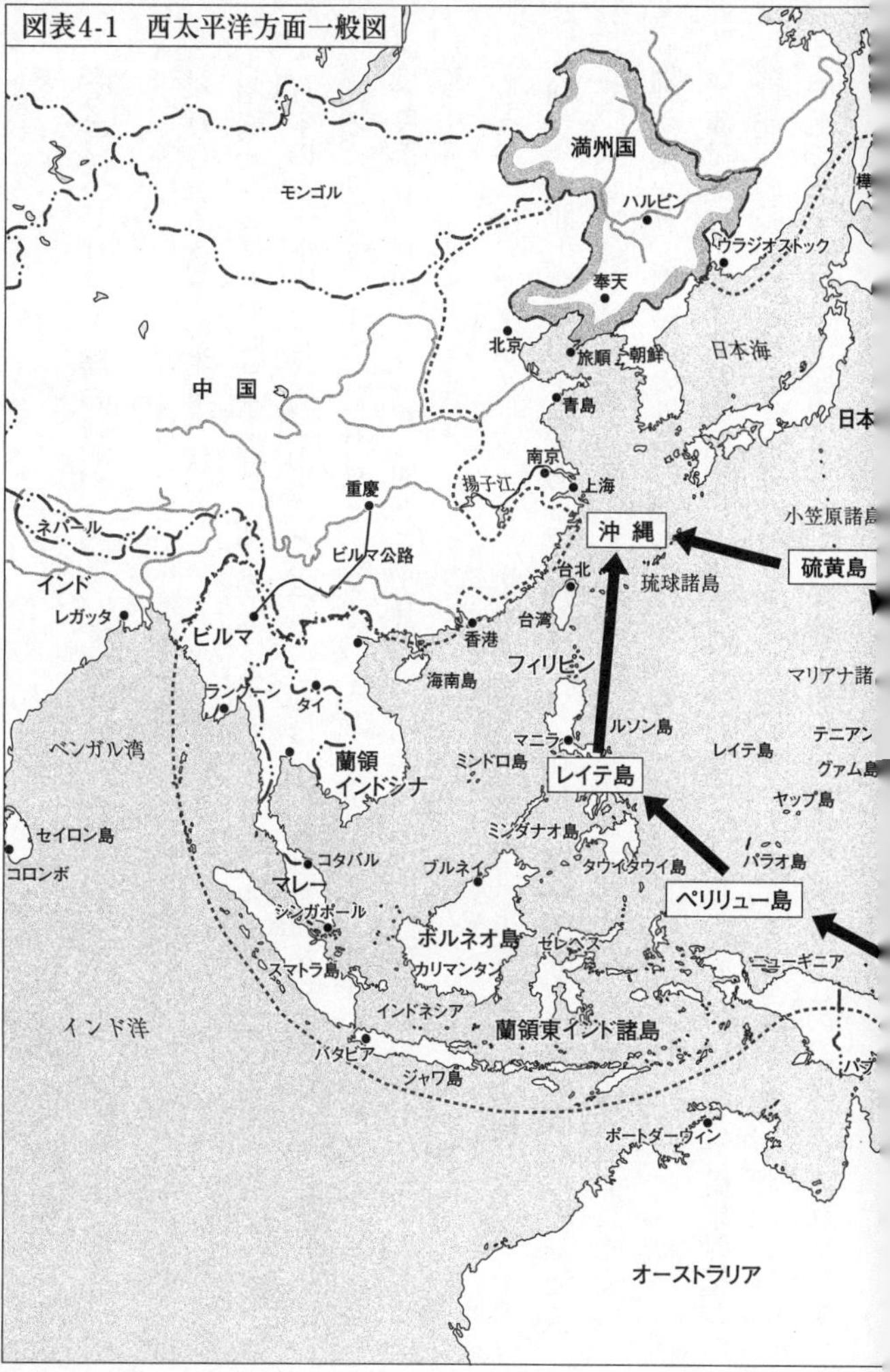

## （2）ペリリュー島の戦闘

### ペリリュー島での米軍の状況

昭和一九（一九四四）年の秋の時点で、米軍の東京進攻ルートは二つあった。日本の本土上陸を目論む米軍にとって、一つは空母機動部隊を中心とする太平洋ルートである（図表4-1）。これは、タワラ・マキンにはじまり、サイパン島やグアム島占領で一段落し、昭和二〇（一九四五）年春以降は小笠原諸島の硫黄島に攻めのぼるルートであった。

もう一つは、ダグラス・マッカーサー率いる部隊による、比島（フィリピン）のレイテに向かって北上するルートである。米軍は、フィリピン攻略作戦を援護するための基地として、ペリリュー島を攻撃目標とした。当時、ペリリュー島には、日本海軍によって航空基地が築かれ、戦略上の要衝となっていたのだ。

米軍は島に上陸する前の昭和一九年九月一二日朝から、島の陸地に向かって艦砲射撃と高性能焼夷弾の集中砲火を浴びせはじめ、周囲のジャングルを完全に焼き払った。そして、その上で、一五日に舟艇によって上陸作戦を開始したのである。この戦術は、これまです

図表4-2　米軍の指揮系統

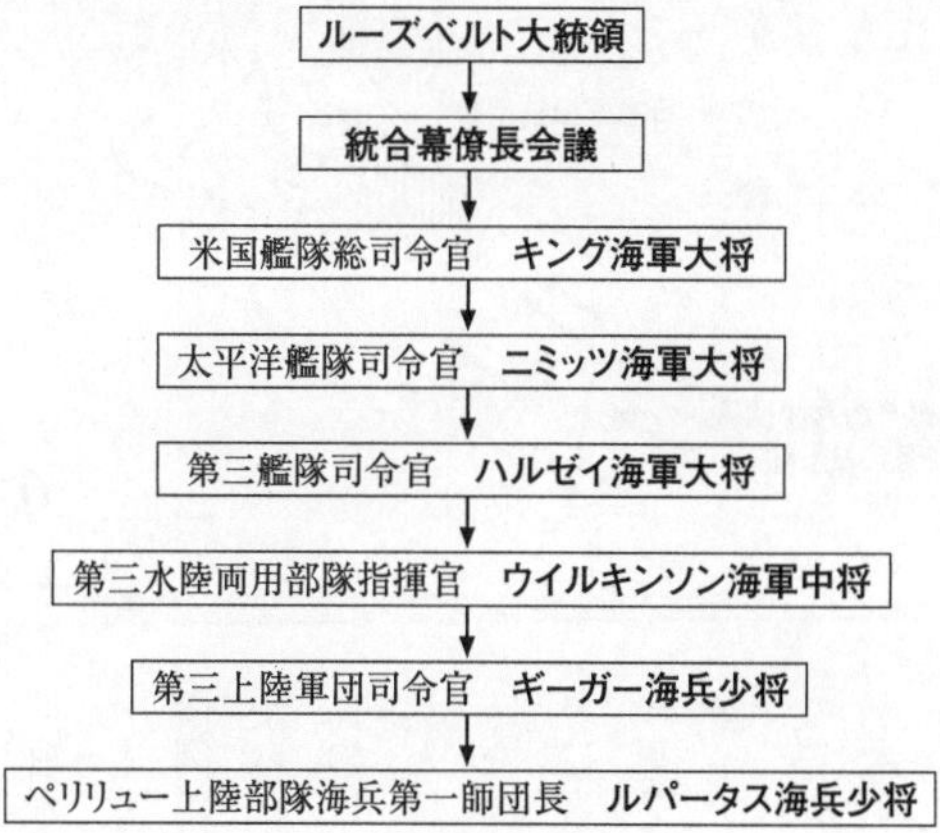


べての島嶼《とうしょ》作戦で繰り返されたものだった。この戦いでの米軍の指揮系統は図表4-2の通りで、第一海兵隊、第八一歩兵の各師団を中心に兵士の総数四万八七〇〇人以上で戦いに臨んだのである。

そして、米軍は日本軍の兵力を正確に把握していた。この戦いにおいては、米軍が日本軍より人員で七倍以上、小銃で八倍、機銃で六倍、火砲で三・五倍、戦車で一〇倍以上だった。そこで師団長ルパータス少将は、これまでの経験から、今回の戦闘は二、三日で終了するのではないかと部下に告げていた。「スリー・デイズ、メイビー・ツー」(三日、おそらく二日)を合言葉に、米軍は自信満々でペリリュー島に乗り込んできたので

図表4-3　ペリリュー島の戦い

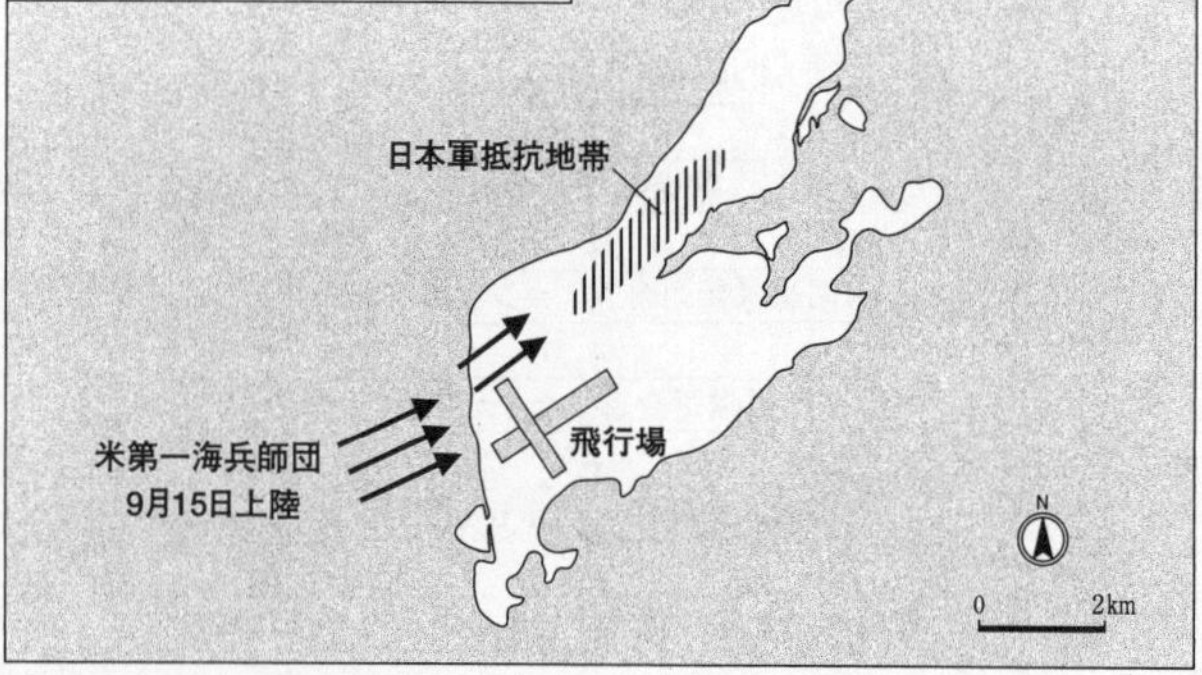


ある。

## 日本軍の待ち伏せ攻撃

しかし、事態はまったく異なっていた。米海兵は慣例に従い、上陸前夜に豪勢なディナーを楽しんでから、上陸第一日を迎えた。ところが、ペリリュー島の日本軍は、これまでの島々で対戦してきた日本兵とはまったく違っていた。米軍が上陸後も、無意味なバンザイ突撃はしてこなかったのである。代わりに、自ら出撃することはなく、逆に進撃してくる米軍を迎え撃ち、夜間に少数の斬り込み隊が米軍に襲いかかるというきわめて効率的な戦法を繰り返してきたのだ。

米軍は、日本軍の主要陣地が島の中央の台地群にあることをつかんでいた。それゆえ、そこを包囲・殲滅《せんめつ》することが、理論上は最良の戦術であった。しかし、米軍がその台地群へ進攻するためには、険しい地形を突破する必要があったのだった。しかも、日本軍は洞窟内の陣地で待ち伏せしており、夜になると、日本軍の斬り込み隊が洞窟から突如現れ黒豹のように米兵に襲いかかった。短時間で一三〇〇人以上の死傷者が出てしまったため、米軍は煙幕を焚《た》いて一時退却する事態に陥ったのである。

この日本軍の攻撃に、ルパータス将軍は頭を抱え、戸惑った。攻撃すれば、日本軍の標的になり、かといって、攻撃しなければペリリュー島を占領することはできない。そのまま、上陸後、二週間たっても、中川大佐の本陣である中央台地群を攻撃することができなかった。ルパータス将軍は悩み続け、あげくの果てに心臓病を患ってしまった。

一〇月三〇日には、米軍第一海兵師団が六〇％以上の損害を出したため、全滅判定を受け、陸軍第八一師団と交代する場面も起こった。

## 命令に違反しての持久作戦

昭和一八（一九四三）年一一月に配布された「島嶼守備隊戦闘教令」と、翌一九年四月に配布された「島嶼守備隊戦闘教令の説明」に従い、南太平洋の各島嶼守備隊は、米軍を水際で迎え撃つ水際撃滅作戦が大本営から指示されていた。これは、元寇《げんこう》以来の伝統的戦術で、ガダルカナル戦以後、多くの歩兵戦術の大家たちが、これを第一線の隅々にまで説

図表4-4　日本軍の指揮系統

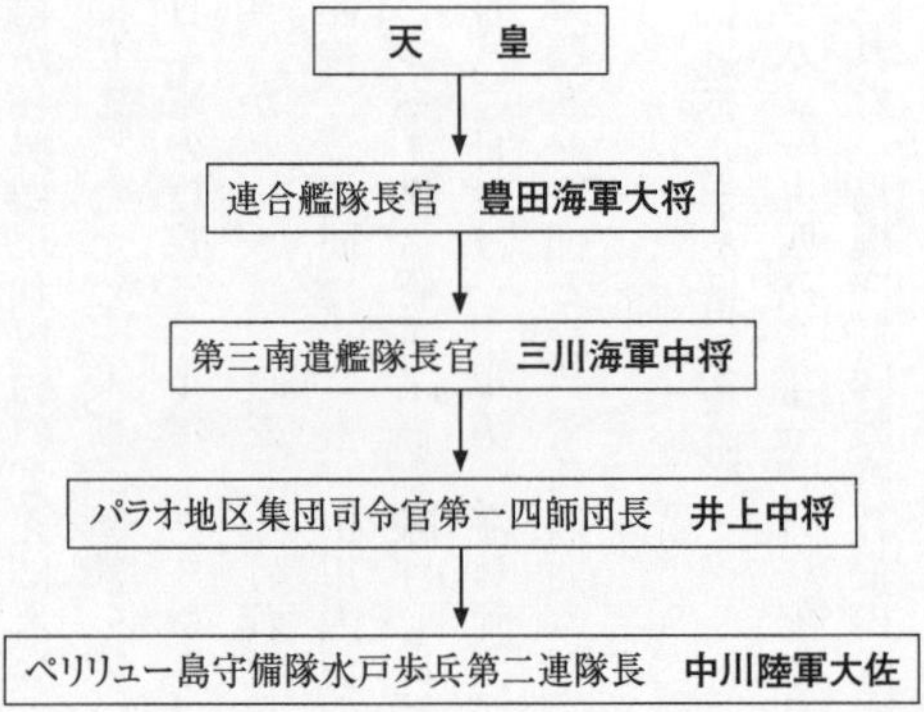


いてまわっていた。それは、いったん敵が上陸したら、島は相手の手中に落ちてしまうという海軍の陸戦思想からも歓迎された戦法だった。

水際とは、潮の干満によって移動する海水と陸地との境界線である。そこに堅固な拠点を築き、一兵たりとも敵を上陸させない。そして、万が一夜間敵が上陸しても、敵の備えが不完全なときは反撃し、翌日までに敵を殲滅するというものである。もちろんペリリュー島の日本軍も、この戦術をとることが命令されていた。

しかし、ガダルカナル、アッツ、タラワ、サイパン、テニアン、そしてグアムなどの島々における日本軍玉砕の戦訓から、陸海空の三位一体で攻撃してくる米軍に対して、日本軍伝統の水際撃滅作戦がまったく役に立たないことを、中川大佐は十分に認識していた。彼は、玉砕した戦士たちからの「水際撃滅作戦は米軍には通用しない」という教訓電報を繰り返し読んでいたのだ。

米軍がグアムに上陸するまでにはかなりの時間があり、あらかじめ戦術研究が十分にできていたにもかかわらず、大本営は、密林を利用した持久戦の可能性をまったく考慮に入れていなかった。従来通りの陣地で、従来通りの方針で、現地軍に水際撃滅戦術を繰り返し命令するだけだったのである。それは国内においても同様で、本土決戦を意識していた大本営は、水際撃滅戦術に固執し、九十九里浜海岸の水際陣地を、さらに前方に築くような命令すら出していた。

しかし、中川大佐は四月二四日にペリリュー島に着任するや、「兵をあまり殴ってはならぬ」という注意を第一声に、島に多くある自然の洞穴を利用した「縦深持久作戦」のもとに、指揮下の大隊長に訓練を命じた。こうして、水戸歩兵第二連隊三五九〇名を中核に、増援の陸軍と海軍警備隊を加えた七〇〇〇名が猛訓練に明け暮れたのである。

とくに、中川軍は洞窟陣地の構築に力を注いだ。ペリリュー島は、当時、中央部から北部にかけて、山や谷の中腹に天然の洞穴が多くあり、立てこもるのに非常に適した地形になっていたのだ。

図表4-5　洞窟陣地

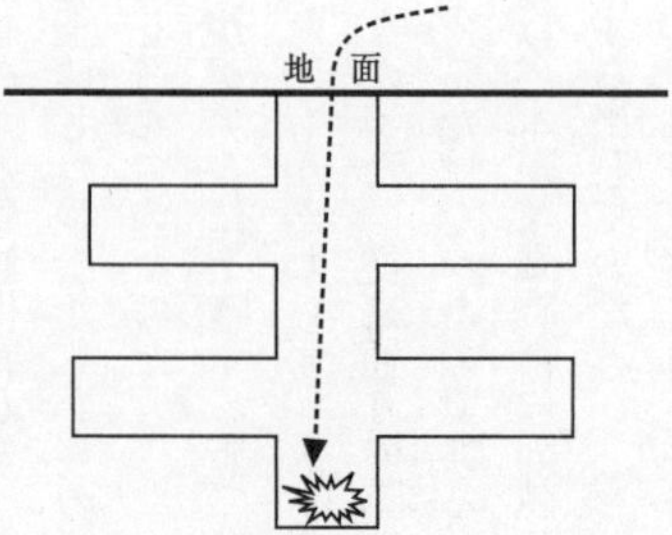


横穴に入って上下の戦闘を行う。米軍の爆薬攻撃を受けたが、下に落ちるので、被害が少なかった。**（防衛研修所戦史室、1968）**

しかし、それはあくまで洞穴であって、陣地と呼べるものではなかった。そこで、中川大佐の命令のもとに、防空壕の構築、守備隊陣地の構築が行われた。洞窟は、主に旧燐鉱石《りんこうせき》の廃坑を利用して作られていた。深い縦坑の他に横坑も整備され、これを利用して日本軍はあたかもモグラのようになって戦う作戦をとることにした。戦後もなおペリリュー島で戦い続けていた山口永少尉によると、ハンマーやダイナマイトが不足していた陸軍部隊は、築城用具を海軍部隊から何度も頭を下げて借りたという。

中川大佐が指揮した、この洞窟陣地に籠もっての持久作戦は、明らかに大本営陸軍部の命令に反するもので、海軍部隊の兵士たちは、この戦術についてあれこれ口を挟《はさ》んできた。当時、彼らは、大本営陸軍部の命令に従い、あくまでも水際に海岸砲を置いて、水際に多くの兵士を配置しようとしていたのである。

## 「一兵たりとも無駄死には許さない」

こうした状況の中、ついに米軍との戦闘がはじまった。中川大佐が指揮するペリリュー島の日本軍の陣地は予想以上に堅固だった。島全体を揺るがすほどの米軍による徹底した艦砲射撃や空爆に対しても、日本軍の陣地はほとんど被害を受けることはなかったのである。このことが、兵士たちの中川大佐への信頼を深めた。この作戦は、中川大佐が自らの死をかけた、まさにファイナル・ソリューションだったのだ。

激しい戦いの中、多くの悲劇も生まれた。米兵のひとりが日本軍の陣地に接近し、手榴弾を投げ込んだ。それを日本軍の初年兵が素早く拾い、投げ返そうとした矢先に爆発、瀕死の重傷を負ってしまう。彼は仲間の兵士に、「殺してくれ」と何度も叫んだ。見かねた仲間は、彼に向かって引き金を引くことを決める。「お前は先に行け、俺もすぐ後から行くから。何かいうことはないか」「何もない。海ゆかばを歌うから、終わらないうちに撃ってくれ」――その直後、陣地内に銃声が轟《とどろ》いたのだった。

中川大佐は、こうした最悪の状況のもとでも、絶えず部下を激励し続けた。そして、焦るあまり、米軍に向かってバンザイ突撃しようとする部下を「一兵といえども過早の出撃は許さぬ」と戒《いまし》めたのである。彼は、戦さとは人と人との戦いであり、戦う意志と力を持つ兵士がいるかぎり戦いは終わらないし、勝敗も決まらないと考えていた。それゆえ、できるだけ長く戦闘を続けるために、一兵たりとも無駄死には許さない。これが中川大佐の考えだった。

しかし、米軍の上陸から約二ヶ月後の一一月一七日、日本軍の爆弾がついに尽きてしまった。同時に、これまで、水筒の水を三日から五日かけて飲み続け、食料も米と塩と粉味噌だけで耐えてきたのだが、水は完全に涸れ、食料ももはや尽き果てた。一粒の米もなくなってしまったのだ。そんな中、中川大佐は、壕内の将兵を抱きながら「すまない、すまない」といって激励し続けた。

米軍は、数十メートルにまで迫っていた。米軍はマイクを通じて、「中川連隊長、あなたの英雄的活動はみな知っております。兵隊さんが可哀想ではありませんか。降伏させてやってください」と何度も繰り返した。

しかし、中川大佐は降伏することはなかった。一一月二四日、中川大佐は祖国日本に向かって軍旗を奉焼し、部下に対して各個ゲリラ戦続行を命令した。

## 戦後もなお戦い続ける

中川大佐の最期を見届けたのは、連隊旗手烏丸洋一中尉だった。軍刀を腹に当て一文字に切り裂いた中川大佐を、烏丸中尉が介錯《かいしゃく》した。副官だった根本甲子太郎大尉は、血を洗い落とした中川大佐の首を小脇に抱えて敵陣に突撃していったのである。

烏丸中尉は、陸士第五六期の優等生で、恩賜軍刀組の一人であった。米国ラスベガス生まれで日系二世の彼は、米国ではあまりに成績優秀であったため、グラマースクール二年のとき、飛び級して四年に進級した。後に両親の都合で日本に帰国する際、米国の学校側から両親に、生活はすべて保証するから、彼だけは米国に残すようにと要請されるほどだった。

帰国後、彼は日本の小学校に二年生として入学した。最初は日本語が理解できず、英語を話したため、よくいじめられた。しかし、日本語が話せるようになると、以後ずっと首席で通した。そんな烏丸もまた、ペリリュー島の砂と散っていったのである。

パラオ本島通信部には、ペリリュー島玉砕を伝える電文「サクラ　サクラ」が届いた。その後、生き残った根本大尉以下五六名はバンザイ突撃を行うことなく、中川大佐の命令に忠実に従い、一七組に分かれて遊撃戦に転じた。その際に打たれた電報の文面には、彼らの心情がよく表れている。

「自今主トシテ敵幹部及ビ兵員ヲ随所ニ奇襲シ以テ守備隊長ノ遺志ヲ継承シ持久ニ徹セヨトノ集団司令閣下ノ御意志ニ副《そ》ハン」

しかし、戦いはなおも続いた。山口永少尉以下三四名は中川大佐のミッションに従い、昼間は洞穴で睡眠をとり、夜はそこから出てゲリラ戦を戦うという戦法を繰り広げた。結局、戦争が終わったことも知らず、昭和二二（一九四七）年までなお戦い続けていたのだった。彼らは、最後まで日本軍が助けに来てくれることを信じ、中川大佐の命令に従って戦っていたのだ。ちなみに、兵士たちは飲み水の確保に苦労したが、窮すれば通じるで、やがて湿地内の汚水でも飲むことができるようになったという。

## 「ヒロヒトの島」

このペリリュー島の戦いにおける中川連隊の執拗かつ頑強な抵抗、少数精鋭による夜間の斬り込みの繰り返しは、米軍に多くの課題を投げかけた。

ペリリュー島は、米軍にとって本当に占領するだけの価値があったのか。どうして、あれだけ多くの犠牲者が出たのか。米海軍の計画が杜撰であったために、艦砲射撃の効果がなかったのか。あるいは、海兵隊が功績を急いで失敗したのか。また、日本のとんでもない鬼隊長にぶつかったのか。いずれにせよ、サイパンやテニアン、そしてグアムとはまったく異なるタイプの日本兵に出くわしたというのが、米軍内での実感だった。

これに対して、日本の軍部ではやればできるのだという気持ちで沸き立った。ペリリュー島戦の進行中、大本営は元気づいて、「ペリリュー島はまだ落ちないか」が、朝のあいさつ代わりになった。また、天皇も侍従武官に対して、「ペリリュー島はどうなったか」とお尋ねになるのが日課となった。そして、一一回も天皇から御嘉賞の御言葉が、ペリリュー島の中川部隊に送られた。これは、陸軍史上、類を見ない多さである。

そして、ペリリュー島戦後も特攻隊員は出撃の際に、ペリリュー島を見習おうといって、飛び立っていった。また、ラバウルの今村均大将も、部下への訓令として「ペリリュー精神を見習え」と述べた。

さらに、栗林忠道中将率いる硫黄島の守備隊や、高級参謀八原博通大佐が指導する沖縄守備隊にも、この作戦が取り入れられたのである。

こうして、ペリリュー島での戦いが、日本軍の戦略・戦術に転機を与え、日本軍の組織そのものを大きく変化させたのだ。米軍は、ペリリュー島を「ヒロヒト（天皇）の島」と呼び、今でも畏怖の念と賛辞を捧げている。

## （3）中川州男の行動原理

### 正当性と効率性の摺り合わせ

この中川州男の静かなる命令違反の背後には、どのような行動原理が潜んでいたのか。これを探ってみよう。

先に述べたように、当時、敗退期にあった南太平洋の各島々の日本軍では、大本営の安易な戦術指導によって、米軍を水際で迎え撃つ水際撃滅作戦が命令、指導されていた。

しかし、中川はこの戦術がたとえ陸軍の伝統に則った正当なものであったとしても、必ずしも効率的ではないことを十分認識していた。というのも、これまでの各島嶼での戦訓から、水際撃滅作戦が米軍に対してまったく役に立たないことを現場で冷静に学習していたからである。それは単に非効率な玉砕戦法であるとともに、本土決戦を遅らせるという大本営の基本戦略と必ずしも一致しないという点においても、正当な戦術とはいえなかったのだ。

こうした状況で、大本営指導の水際撃滅命令をあえて無視し、ファイナル・ソリューションとして中川が展開してみせたのは、ペリリュー島の自然と地形を生かした洞穴陣地持久作戦だった。これは、大本営にとってみれば、明らかな命令違反である。しかし、その背後にあったのは、伝統や軍人魂、軍人倫理といったものをいたずらに強調して効率性をないがしろにすることではなく、まさしく基本戦略によって正当化されうる戦術に効率性を摺り合わせることだった。そして、それは、「敵を倒さずに死ぬのは無駄死にだ」を口癖とする中川の行動原理でもあった。

この原理に従って、中川はペリリュー島の地形を十分考慮し、しかも現地の稀少なヒト・モノ・カネなどの資源を徹底して効率的に利用するために、大本営の安易な作戦命令をあえて無視した。彼の作戦は、敗退を続ける日本軍にとって、きわめて効率的なことだったのであり、しかも大本営の基本戦略と実質的に一致していたという意味でも、正当な作戦であった。それゆえ大本営も、中川大佐のとった作戦を黙認し、やがて追認していった。

### 創造的崩壊

こうした中川州男の「静かなる命令違反」は、日本軍の組織そのものを崩壊させたのだった。

従来の大本営を中心とする巨大な中央集権型の軍事階層組織では、重要な作戦のすべてを大本営が主体的に展開し、たとえそれが非効率であったとしても、これに従うことが軍事組織上の規律として現場には強要されていた。そのため、突然、大本営から現場のことをほとんど知らない参謀たちがやってきて、現場の作戦指導を直接行うこともしばしばあった。

しかし、中川によるペリリュー島の戦闘以後、日本軍の組織では戦略と戦術（作戦）の分離が起こった。各島嶼の現地軍は、大本営陸軍部が指導する基本的戦略つまり本土決戦を遅らせることを認識しつつ、その戦略の枠内で、限定された現場の組織資源をいかに効率的に配分し利用するかを独自に考えはじめたのだった。そして、そのうえで、正当性と効率性とを摺り合わせるように、現地の環境に合った固有の戦術を展開しはじめたのである。そして、大本営もこの動きに追従するようになった。

たとえば、ペリリュー島の戦い以後、硫黄島の栗林忠道中将やフィリピンの山下奉文《やましたともゆき》司令官は、当初軍中央から指導されていた水際撃滅作戦を放棄し、本土決戦を遅らせるという大本営の基本戦略のもとに徹底した洞穴陣地・長期持久戦術を展開し、正当性と効率性とを摺り合わせた。沖縄戦の高級参謀八原博通大佐も、軍中央および長勇《ちょういさむ》参謀長と意見を対立させながらも、同様に洞穴陣地・長期持久戦術を取り入れたのである。

このように、中川の命令違反によって、従来の日本軍の巨大中央集権型組織は完全に崩壊した。しかし、それは単なる崩壊ではなかった。戦略と戦術が分離した現地分権制と呼びうる新しい軍事組織へと日本軍が進化していくための創造的崩壊でもあった。各地で敗走する日本軍組織に再び勇気と活力を与え、日本軍は新しい軍事組織へと進化していったのだ。

このような機動的で環境適応的な組織のもとに、日本軍は限定された組織資源をより効率的に配分、利用して米軍に反撃を開始した。その組織的な戦い方は、米軍のこれまでの予想をはるかに超えたものであり、米軍に多大な恐怖を与えた。

だが、このように新しい組織に生まれ変わりながらも、日本軍は米軍との戦いに敗れ、多くの兵士が死んでいった。その事実に変わりはない。しかし、その死の意味は、ペリリュー島以前と以後とではまったく異なっていた。兵士は餓死や病気による無駄死にではなく、中川が常々口癖にしていたように、少なくとも「兵士は兵士として戦死する」ことができるようになったのだ。

しかし、この中川州男とまったく反対に、日本軍組織を退化させ、硬直化させるような命令違反を繰り返し行っていた人物もいた。それが、次に説明する辻政信、その人である。

# 第5章　ノモンハン事件での辻政信の悪い命令違反

## （1）辻政信

### 陸軍の暗部を代表する人物

ペリリュー島の戦闘から遡《さかのぼ》ること四年、昭和一四（一九三九）年の五月から九月にかけて起きたノモンハン事件は、外蒙古のハルハ河北岸で日本側と外蒙古側の騎兵が接触し、実質的には日ソ戦にまで発展することになった戦いである。

そして、これは日本陸軍史における最悪の戦いの一つでもある。五万六〇〇〇人の日本兵のうち、死者が八四四〇人、負傷が八七六六人で、死傷率は三〇％超にも上った。戦後明らかになったソ連側の資料によると、日本軍以上にソ連軍は被害を受けたことになっている。だが、いずれにせよ、短期間でこれほど大量の戦死者を出した戦いを、陸軍はそれまでほとんど経験したことがなかった。

そして、これを指揮していた中心人物の一人が、関東軍の若き参謀辻政信中佐であった。「陸軍屈指の怪物秀才」といわれた辻は、名古屋陸軍幼年学校と陸軍士官学校を首席で卒業したが、陸軍大学校を次席で卒業したため、惜しくも「三冠王」を逃した。学校を出てからは、「戦いの神様」「五カ国の弾丸を体内に残した不死身の男」「下に優しく上に強い正義漢」と称され、多くの軍人の支持を得て、陸軍の要職を歴任した。しかし他方で彼は、「無類のハッタリ屋」「陛下の軍隊を私物化した男」「民間人や捕虜を虐殺した残虐男」といわれたように、陸軍の暗部を代表する人物でもあった。

辻政信

ノモンハン事件の際に、辻は捕虜交換によって送還されてきた将校に対して、病院に手榴弾を持ちこんで、武士の恥を雪《すす》げ、と自決を強要した。その際、嫌がる将校の泣き叫ぶ声が室外にまで響きわたったといわれている。また、ある大隊長が囚われの身になったが、捕虜交換で送り返されてきた後、遺書を残して自殺した。このとき、辻はこれを武士の鑑《かがみ》であるとして、ことさら強調し、その上で、これは将校だけに適用し、下士官には適用しないとした。

## 消息不明、そして死亡宣告

そんな辻は、戦後、数奇な運命をたどった。戦争犯罪人としての追及を避けるために、僧侶に姿を変えてタイの寺院に身を隠し、その後ラオス、ベトナムを経由して中国に潜伏する。そして、戦犯の時効成立を見定めると、昭和二五（一九五〇）年に突然東京に姿を現したのである。

以後、政治家として衆議院、参議院に当選し、一匹狼として政治の舞台でも活動した。そして、昭和三六（一九六一）年、現職の国会議員としてベトナム・ラオスに視察旅行し、ロシア製の飛行機に乗ってハノイに向かったが、そのまま消息を絶った。

今なお、彼の生死のほどは明らかになっていない。法的には、昭和四三（一九六八）年に死亡宣告が出されたのだが、彼を知る者は「辻のことだから、実はどこかで生きているかもしれない」と噂したという。

次からは、この怪物秀才・辻政信の、ノモンハン事件における命令違反をレビューしてみたい。

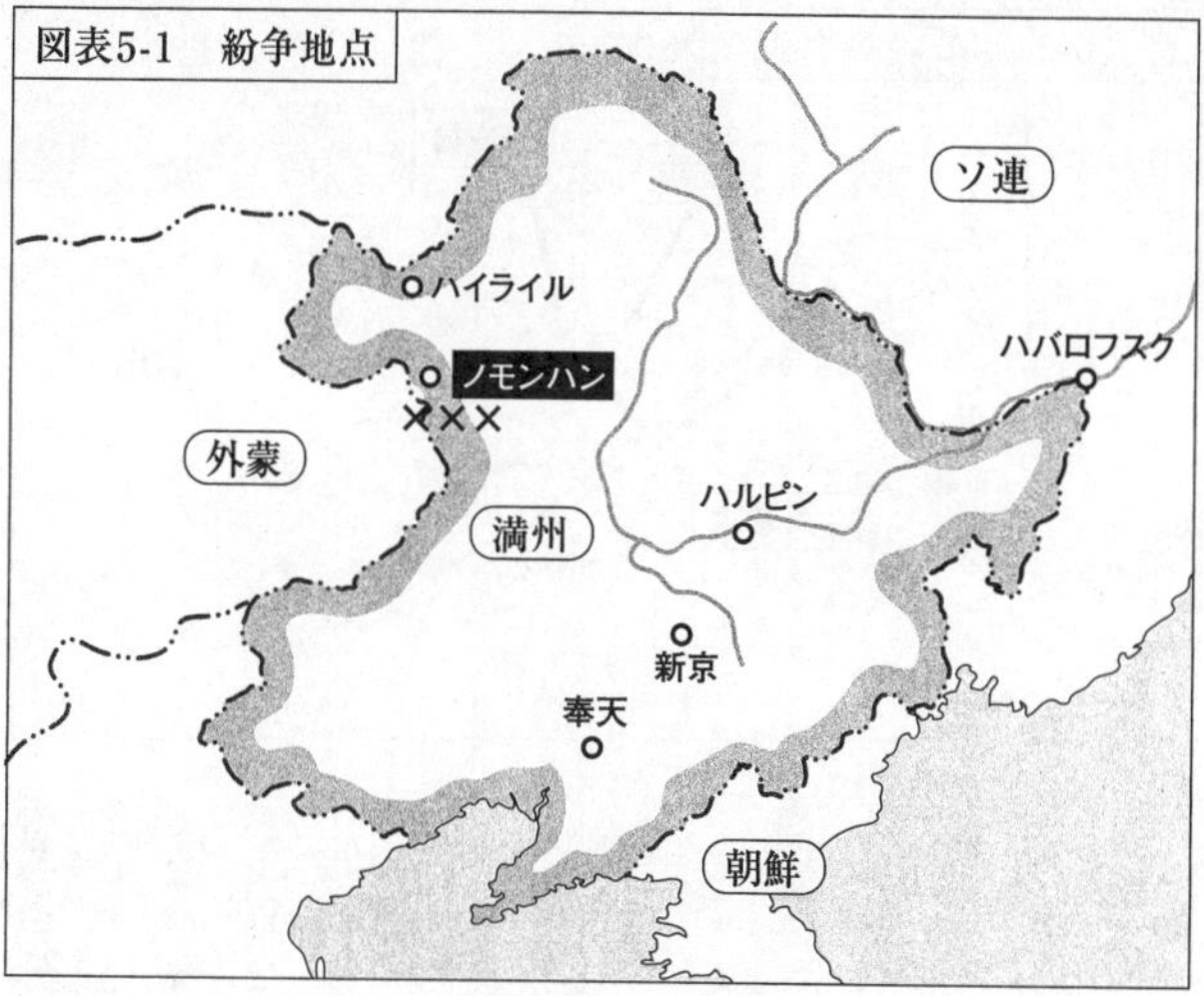


図表5-1　紛争地点

## （2）ノモンハン事件

### 第一次ノモンハン事件

ノモンハン事件は、昭和一四（一九三九）年五月一三日、ハイラル駐屯の第二三師団長小《こ》松原《まつばら》道《みち》太郎《たろう》中将から関東軍司令官植《うえ》田《だ》謙吉《けんきち》大将宛に、外蒙軍がノモンハン西方地区のハルハ河を渡って不法に越境し、日本軍が全力で敵を撃滅しようとしているという電報が入ったときからはじまった。

この行動は、事件発生前に辻政信中佐によって作成された「満州国境紛争処理要綱」にもとづくものであった。そこには、国境が不明確な地域では、防衛司令

図表5-2　ノモンハン付近（昭和14年5月）

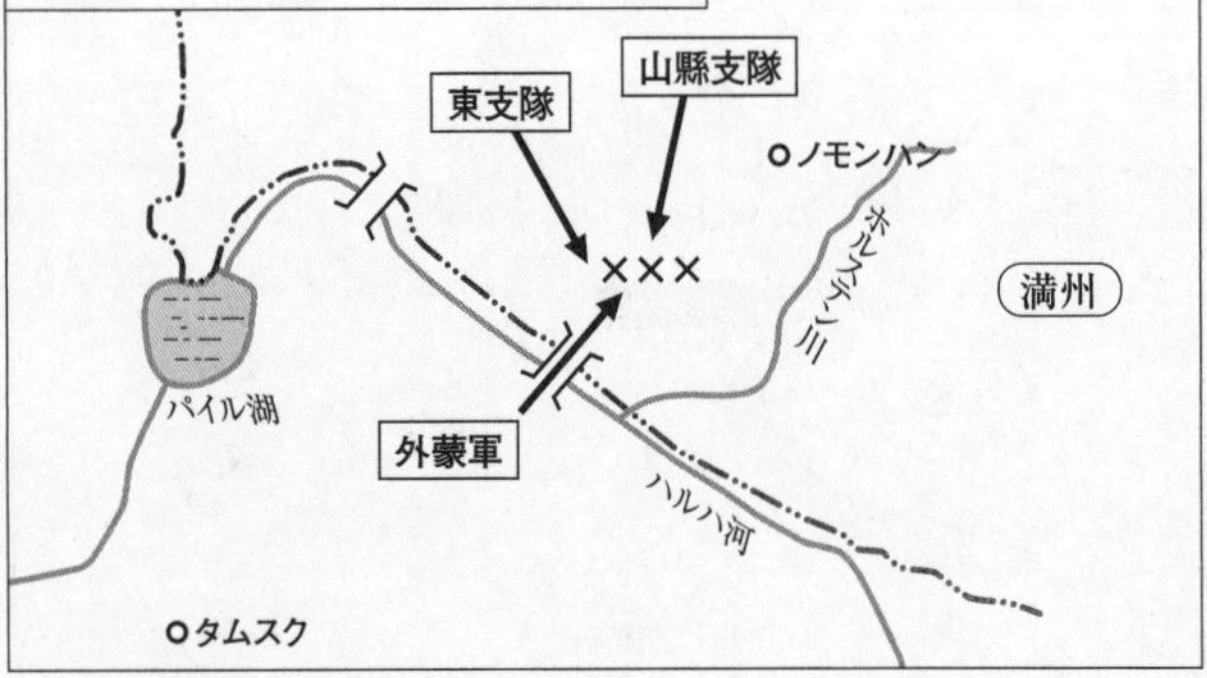


官が自分で国境線を認定し、万一敵が紛争を引き起こしてきたときには積極的に攻撃してもよい、との内容が書かれていた。

当初は、第二三師団の騎兵連隊である東《あずま》八《や》百《お》蔵《ぞう》中佐指揮の東支隊が中心になって敵を撃退し、一六日に外蒙軍はハイラルにいったん引き揚げた。しかし、外蒙軍が再びハルハ河を越えて進入してきたため、第二三師団は山縣連隊長指揮の歩兵一大隊を急遽《きゅうきょ》ノモンハンに派遣した。

そして、二八日、山縣支隊長のもとに再び攻撃が開始された。このとき、辻中佐は直接作戦指導を行うために飛行機で新京を出発し、その夜に現地に到着した。現地では、敵の退路を遮断しようとした関東軍の東騎兵支隊が、外蒙軍の強力な反撃に遭い、連隊長以下ほとんど全員が戦死していたのである。

現地に到着したばかりの辻中佐はこれに激怒し、

「友軍の死体を放置して、それでも貴様たちは皇軍か！」と声を荒らげた。しかし、これ以上に前進することもできず、三一日、小松原師団長は無念の涙を飲んで、「戦場を離脱すべし」との命令を下し、山縣支隊を一時撤退させた。事実上の敗北である。これが、第一次ノモンハン事件の概要だ。

このとき、日華事変の直中にあった日本軍においては、限られた軍事資源をそこに効率的に配分し利用するために、ノモンハン事件をなるべく拡大させないという点で、陸軍参謀本部と関東軍の考えは一致していた。しかし、事件をめぐる事態の進行とともに、やがて両者の間に激しい対立と抗争が発生することになる。

関東軍参謀の辻中佐は、第一次ノモンハン事件における敗北を信じようとはしなかった。ただ復讐の念に駆られるだけだったのだ。

## 第二次ノモンハン事件

さて、六月一九日、第二三師団小松原師団長から、「敵が兵力を増強しつつある」との情報が再び関東軍司令部に送られてきた。そこには、「敵の爆撃機が強化された」との情報も含まれていたのだった。

事実、六月に入ってからスターリンに指名されたジューコフ将軍が現地入りし、ノモンハン方面におけるソ連軍・外蒙軍の強化再編制が行われた結果、国境付近での活動が活発化していた。そのため、この機会を逃さず、当面の敵を撃滅すべきであるといった意見が、現場から関東軍司令部に具申されるようになったのである。

これに対して、司令部内では意見が対立していた。陸軍大佐の寺田雅雄高級参謀は、現在、日華事変が進行しているため、限られた軍事資源をそこに効率的に配分し利用するために、ソ連との紛争を起こすべきではないという慎重論に立っていた。

他方、辻中佐はあくまでも徹底抗戦を主張した。事件は不拡大を望むところだが、もし初動で相手を徹底的に殲滅せず、このまま手を抜けば、相手になめられて敵はすぐに侵犯してくるにちがいないことを強調したのである。辻中佐は資源配分の効率性よりも、あくまで皇軍としての面子《メンツ》の問題にこだわっていたのだ。そして、受動的な意見を持つ者を、「卑怯者」「臆病者」とみなすような空気を作り出した。

この辻中佐の強硬意見が優勢となり、その結果、具体的な作戦計画が展開されていった。計画とは、第二三師団に戦車二連隊と第七師団の一部からなる安岡支隊を配属し、ノモンハン付近で敵を撃滅するというものだった。そして、地上戦の開始を七月一日とし、その前々日から敵の飛行場を爆撃することを目指した。

このとき、関東軍参謀長の磯谷廉介《いそがいれんすけ》中将はこの作戦を軍中央に報告し、正式に承認を受けるべきだと主張した。しかし辻中佐は、これは関東軍の当然の任務であり、軍中央には秘密にして独断専行すべきだという意見を強硬に押し通した。しかし、結局、この秘密は軍中央に漏れてしまう。

軍中央は、このような関東軍の行動は統帥違反であるとして、事態を重く受け取り、議論が紛糾した。とくに、陸軍省軍事課長の岩畔豪雄《いわくろひでお》大佐は、効率的な資源配分の観点から、この作戦の実行を強硬に反対した。こんなことに戦略単位である師団を投入することはまったく無意味であり、経済的にも浪費であると強く主張したのだった。

これに対して、参謀本部作戦課長の稲田正純大佐は、関東軍の立場上、「何もやるな、では彼らも困るだろう」と考え、敵の出鼻をくじくために、一個師団の使用だけは認めてやるべきだと主張した。

最終的に、板垣征四郎《いたがきせいしろう》陸相が一個師団の使用を認めたため、関東軍の企図は承認されることになった。しかし、あくまで正面衝突を避け、国境紛争の拡大防止を目的として、進入した敵を撃退するに留め、こちらから外蒙内部へ爆撃してはならない——これが陸軍参謀本部の命令であった。

しかし、復讐の念に駆られていた辻中佐は、実はこの命令が下される前、つまり中央から具体的な行動規制がなされる前の六月二七日、無断で国境を越えて外蒙のタムスクを爆撃していた。これは、陸軍参謀本部を完全に無視した命令違反であった。

しかも、辻中佐は自ら進んでその爆撃機に同行した。日本軍一〇七機によって実行されたこの攻撃の結果、敵機一二四機が撃破された。一方の日本側の未還機はわずか四機のみ。これは大きな戦果であった。

これが、第二次ノモンハン事件のはじまりである。そして結果的に、辻中佐の犯した命令違反が、ノモンハン事件を泥沼化させ、陸軍を無意味な戦いへと巻き込むことになったのだ。

## 戦闘の泥沼化

この大戦果を、関東軍高級参謀の寺田大佐は参謀本部作戦課長の稲田正純大佐に電話で報告した。得意になっていた寺田の予想に反して、稲田は電話口で怒鳴り声を上げた。

「バカ、何が大戦果だ。あれだけやかましくいっていたのに、なんたることをやったんだ。これに対する報復がないとでも思ったのか」。

この会話を契機に、陸軍参謀本部と関東軍の関係は急速に悪化していく。陸軍参謀本部から関東軍へ、事前に連絡がなかったことを批判する旨の電報が送られてきたのに対して、関東軍は、現地のことに関しては現地軍を信頼してほしいとの旨の電報を返した。

こうした関東軍の暴走を憂慮した大本営は、大本営命令（大命）や大本営陸軍部指示（大陸指）によって、関東軍に独断専行を慎むよう強く釘を刺した。そして参謀本部では、一連の画を描いているのは辻中佐しかいないと断定し、板垣陸相に辻の追放を進言した。しかし、辻中佐と知り合いだった板垣は、「まあいいじゃないか。辻を過大評価するな」といって、参謀本部を宥《なだ》めたといわれている。こうして、関東軍と陸軍参謀本部とが角をつき合わせている間にも、ソ連軍および外蒙軍は着々と兵力を増強していたのだ。

七月一日、関東軍の小松原第二三師団長は、ハルハ河右岸に対する攻撃を開始した。緒戦は順調に進み、日本軍はハルハ河をスムーズに渡ることができた。そして七月三日、第二三師団はハルハ河左岸に進出する。

これに対して、ソ連軍は最新鋭の戦車部隊で日本軍に対して徹底的に反撃してきた。その反撃のあまりの凄まじさに、日本軍は再びハルハ河を渡って退却せざるをえなくなった。また、ハルハ河右岸でも、安岡支隊が七月二日に当面の敵を攻撃していたが、やがてソ連の戦車群の反撃を受けて苦境に陥った。結局、敵を撃退できないまま、一一日以後は攻撃を中止、膠着《こうちゃく》状態に入ったのである。

## 関東軍と陸軍参謀本部との間の温度差

七月の中旬には、ソ連のノモンハンへの配兵が完了した。そして、守備兵の活動が活発化していることが、現場から関東軍司令部に報告されてきた。しかも、七月一六日には、チチハルの西側にある、ハイラル方面に渡る唯一のルートであるフラルキ鉄道橋が爆撃されたことが報告されてきた。ホロンバイルの原野に起こった戦火が北満州に一気に広がり、関東軍の重点正面である東部国境方面にも緊張が走った。

こうした状況の中、日本軍では、陸軍参謀本部も関東軍も限られた軍事資源を効率的に配分し利用するために、あくまでノモンハン事件を局所的に終わらせるという点において、基本的には方針は一致していた。とくに、陸軍参謀本部は敵に刺激を与えないようできるだけ穏便にことを収めようとしていた。稲田作戦課長を中心とする参謀本部は、兵力をできるだけ制限し、その範囲内で敵に対応し、もし失敗すれば、こちらが慴伏《しょうふく》してもよいとさえ考えていたのである。

しかし、これに対して、辻中佐を中心とする関東軍は、慴伏することなどまったく考えていなかった。控えめな態度では敵になめられるばかりで、皇軍としての立場がない。そこで、陸軍伝統の白兵突撃で敵に一撃を与え、敵の侵略の意図を完全に放棄させようとし

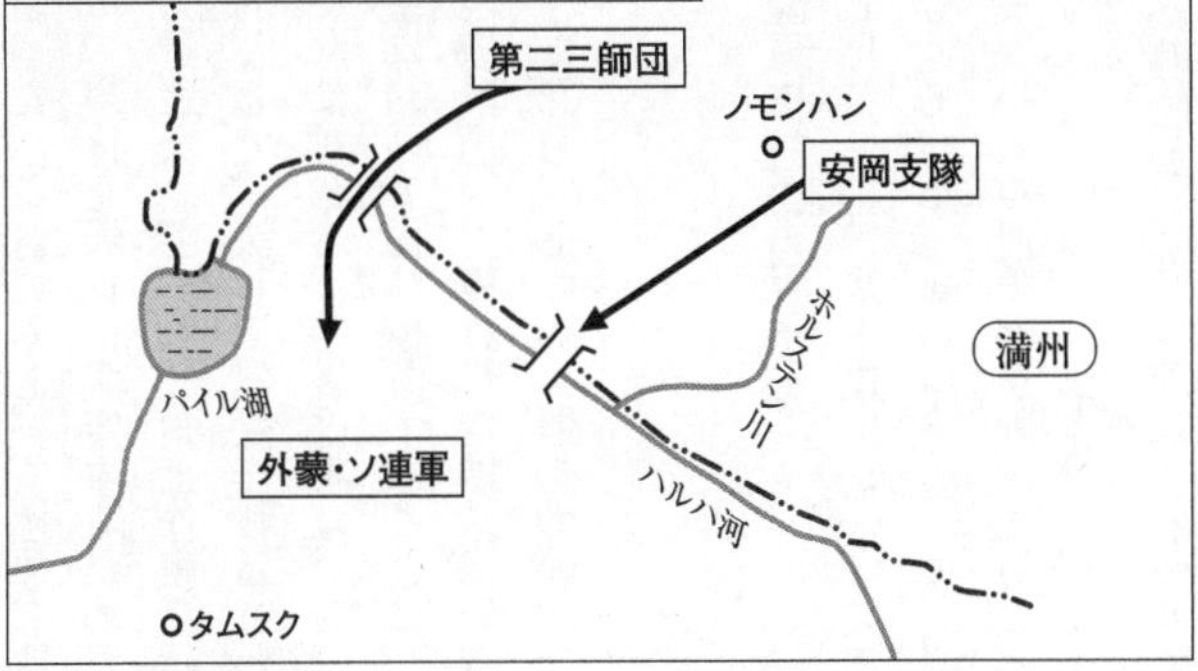


図表5-3　ノモンハン付近(昭和14年7月)

ていたのである。

こうして、関東軍は最悪の場合、全面戦争になる可能性もあると考えた。それゆえ、全満州の戦備を強化するために、全軍に出動準備を、そして全満州に灯火管制を発令し、さらに軍防空と民間防空を実施した。そして完全を期すために、全満州を戦時体制へと移行したのである。

さらに、関東軍は、以下のような行動を陸軍参謀本部に要請した。それは、越境してくる敵だけを迎撃すれば、敵に甘くみられるので、外蒙内部への爆撃も許可してほしいというものだった。しかし陸軍参謀本部は一貫して、戦闘拡大を避け、満州内の防衛力を強化して、こちらから敵地へ攻撃すべきではないと命令してきたのである。

七月一八日、陸軍参謀総長による招電によって、関東軍参謀長の磯谷中将が上京し、現地の状況報告を行った。これに対して、陸軍参謀本部はノモンハン事件の処理要綱を交付した。その内容は、事件を局地に限定するため、遅くとも冬までにノモンハン事件を終結することが基本方針となっており、地上作戦では進入してきた敵の掃蕩《そうとう》、航空作戦では越境機の撃墜を目的として、決して侵攻作戦は行わないというものだった。

これに対して、磯谷中将は、二、三の問題点を指摘し、この要綱を案として持ち帰り、新京において再び検討することになった。その後、参謀本部から谷川、島村の大本営参謀が現地に飛び、検討した結果、航空部隊は敵航空根拠地を爆撃してもよいとの命令を下した。ただし、その際に爆撃の範囲をいたずらに拡大しないよう注意すべきことが指示された。

## 陸軍伝統の白兵突撃

七月二二日、関東軍は払暁《ふつぎょう》に全砲兵をもって敵砲兵を制圧するとともに、歩兵の主力をもってハルハ河右岸の敵の橋頭《きょうとう》堡《ほ》に白兵突撃を行った。しかし、敵は近代兵器を駆使して、ハルハ河陣地を固守するとともに、日本軍の攻撃を阻止し、戦線は膠着状態となった。

八月一三日、日本軍はハイラルに新たに第六軍を編成し、再び白兵突撃を開始した。しかし、戦況はソ連が圧倒的に優勢であった。制空権はソ連のもとにあり、敵空軍の活動が激しくなった。また、地上からの攻撃も徐々に激しくなっていった。

二四日、日ソの地上戦が再び開始された。第一線の部隊が白兵突撃を開始したが、敵の銃撃があまりにも激しいため部隊は前進できず、やがて第一線部隊は全滅した。この戦いで、自軍の三倍にも上る数の敵に向かっていった結果、死傷者が全体の八割に上った責任をとり、酒井連隊長は自決した。

新たな戦いのために、第六軍は戦場に到着した第七師団を第一線として、ホルステン河両岸に渡った。そこで陣地を形成し、第二師団、第二三師団、第四師団をその後方に集結させたのである。こうして反撃の体制を固めながらも、こと作戦面に関しては、戦車と重砲と航空機の〝近代三次元作戦〟で効率的に攻撃してくるソ連軍に対して、日本軍は依然として陸軍伝統の白兵突撃であった。

辻中佐や服部卓四郎《はっとりたくしろう》ら軍参謀は、敵に侵略の企図を完全に放棄させるため、攻撃はもっぱら夜襲による白兵突撃を行い、昼間は占領した地点に防空壕を構築して、敵の猛火を避ける戦法を取り続けた。そこには、戦争というものは意志の強い方が勝つ、という強い信念があった。とくに辻中佐は、「戦争とは指導者相互の意志と意志との戦いである。味方が苦しいときには、敵もまた苦しいのだ」と主張し続けていたのである。

## 攻撃中止命令

しかし、ソ連軍にまったく歯が立たないことを思い知った荻洲《おぎす》立兵《りゅうへい》第六軍司令官は、八月二九日、前線に孤立している残存部隊に対して撤退命令を発した。三一日には、ソ連軍が、外蒙が主張する国境線の位置まで進出して進撃を停止。これに対して日本軍は、宮崎繁三郎大佐率いる歩兵第一六連隊の活躍によって、満州側が主張する国境線だけは何とか確保した。

こうした状況で、中島参謀次長が新京に飛び、ノモンハン事件に関する大陸命を伝達した。その内容は戦闘拡大を避け、少数の兵力で持久戦に持ち込み、速やかに事態の収束を試みようというものであった。さらに、九月三日には、以下のような大陸命が発せられた。

関東軍司令官宛

参謀総長

大陸命第三四九号

一　情勢に鑑《かんが》み、大本営は爾今《じこん》ノモンハン方面国境事件の自主的終結を企図す。

二　関東軍司令官はノモンハン方面における攻勢作戦を中止すべし。

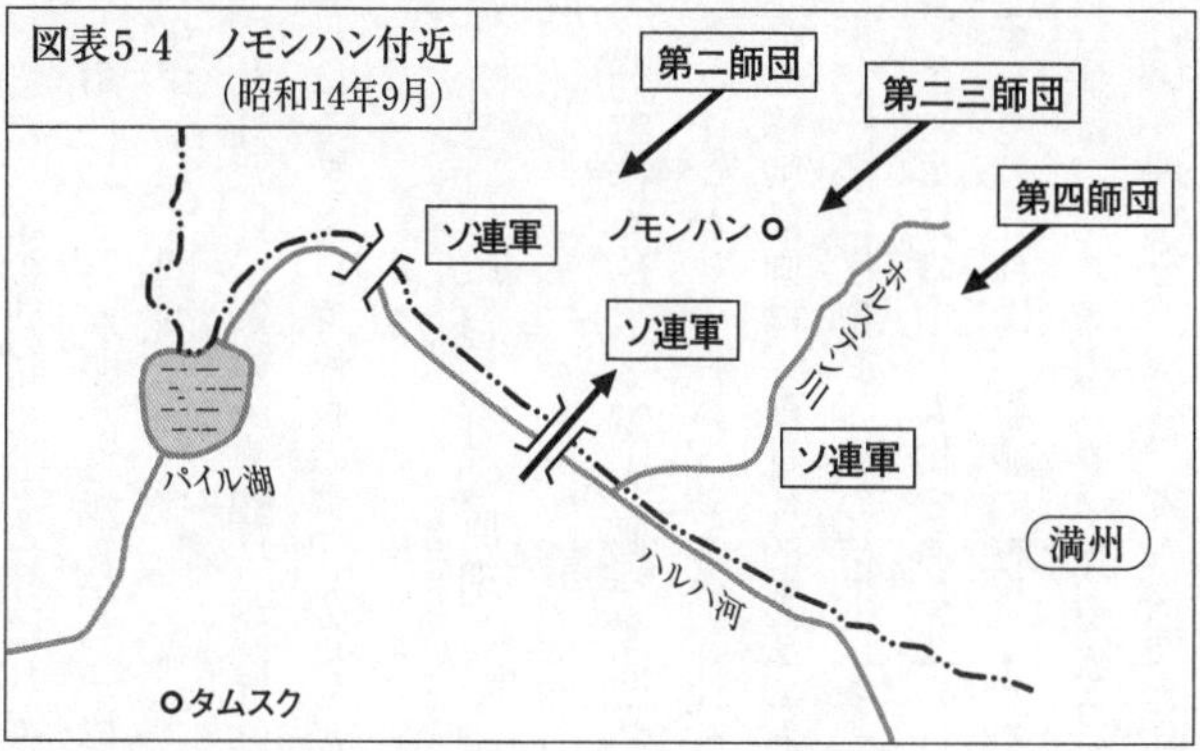


図表5-4　ノモンハン付近
（昭和14年9月）

この命令に、関東軍は激怒した。しかし、さすがに、参謀本部からの命令には従わざるをえない。そこで、関東軍は、撤退の途上で戦死した兵士たちの遺体を収容する際に、せめて敵に一撃を与えた上で撤退したいと申し出た。

しかし、この申し出も陸軍参謀本部によって拒否された。そのため、関東軍および現地軍第六軍、第二三師団などの将兵は、仲間の遺体を収容することもできぬまま、涙を飲んで戦線の縮小と整理に当たったのである。とくに、第二三師団長・小松原道太郎中将の苦悩は深いものであったと思われる。彼は、ソ連駐在期間が通算七年におよぶほどのソ連通だった。長年にわたるソ連研究の総決算がこれでは浮かばれない。このときの心労がたたってか、彼は、翌年病没してしまった。

また、「東洋の哲人」と呼ばれた教養人、関東軍参謀長の磯谷廉介も、その後ノモンハン事件のことが頭から離れず、「次は大将」というポストへと昇進する際に、その任にあらずとして固辞した。

九月九日、東郷茂徳駐ソ大使は停戦をソ連に申し入れた。これにソ連も応じ、九月一五日にモスクワで停戦の調印が行われたのだった。

### (3) 辻政信の行動原理

#### 効率性を捨てて軍人倫理を追求

ノモンハン事件は、若き参謀辻政信を中心に起案された作戦計画に従って遂行された。その作戦計画は、前近代的戦法である白兵突撃をいたずらに繰り返すばかりのまったく無謀で杜撰な代物《しろもの》で、その結果、多くの将兵が命を落とすことになった。

この事件の中心人物である辻の行動には、どのような行動原理が潜んでいたのだろうか。そして、それは、組織に対してどのような影響を与えたのか。これについて考えてみたい。

辻は、常々軍人らしくふるまうことを旨としていた。「軍人たる者はこうあるべきだ」という理想を追求し、軍人倫理を具体化するような行動をとっていたのである。

そのような軍人倫理が何であるかを、現代日本に暮らす人々に、具体的かつ明確に言葉で説明するのは難しい。しかし当時の軍人のほとんどは、これが何かを暗黙知として理解していた。そして、辻はまさしく軍人倫理を自らの行動で示してみせた人物だった。それゆえ、誰も彼を否定することはできなかったのである。

もし、すべての軍人が完全合理的ならば、効率的に行動することと軍人倫理に従って行動することは一致するだろう。つまり、軍人らしく行動した結果、相手に効率的に勝つことができる。したがって、完全合理的な人間にとって、効率的に戦うことと軍人らしく戦うことは常に一致する。

しかし、実際には、すべての軍人は完全合理的なわけではない。戦う際の状況によっては、軍人は完全な形で情報を得ることができず、また得た情報を完全に処理することもできず、そして処理した結果を正確に伝達することもできない場合がある。それゆえ、軍隊では効率的に戦うことと軍人らしく戦うことは必ずしも一致するとはかぎらないのだ。日露戦争における乃木希典の戦い方が、まさにそうだった。それは明らかに効率性を欠いたものだったのである。

また、軍人らしく正々堂々と戦ったために非効率となり、戦いに負けてしまうこともある。その場合は、敵に勝つために、軍人らしくない卑怯な手法を使う方が効率的だろう。

こうした限定合理的な状況でも、辻は効率性を棄てて、あくまで軍人倫理を追求することにこだわった。だから、たとえ無謀で非効率な作戦でも、それが軍人らしいものであるならば、その遂行は可能であると考えていた。そして、上官からの命令が、軍人倫理よりも効率性を追求するようなものである場合には、彼はまったく臆することなくそれに反論した。

辻は、軍人たる本分を自覚し、多くの同僚や部下に軍人倫理を説き、それを実践することを強要した。ときには、上官に対しても積極的に提言した。それゆえ、彼は上官のご機嫌をうかがうようなこともなかった。それが、部下の人気を集める原因でもあった。

## 英兵の肝臓を部下に食べさせる

このように辻政信は、効率性よりも軍人倫理を徹底的に追求した。なぜなら、それが彼の行動原理だったからだ。

このような辻の行動原理を裏づける具体的なエピソードは、たくさんある。たとえば辻は、第一線で戦う将兵のことを思えば、後方で酒色に耽《ふけ》ることなど、軍人として決して許されるものではないと考えていた。そのため、彼は女人の待つ料亭や公費で行う宴会には決して出席しなかった。そして、この原理を他の人間へも強要し、料亭への出入りが激しい同僚を徹底的に批判して、死に追いやったことまであった。また上海では、日本人料亭を不要なものだとして焼き払おうとさえした。

そして、作戦計画の作成においては、各方面から情報が届くのを待って机上で立案することを極端に嫌い、常に第一線に足を運んで自ら情勢を把握した上で、確信をもって立案しようとした。そのため、彼の作戦に多少無理があったとしても上司は納得せざるを得ず、部隊もその作戦に従わざるをえなかった。彼の作戦は、しばしば非効率的であったが、たしかに軍人らしいものではあったのだ。

ときに辻の行動原理は、極端な方向へと向かうことがあった。辻はシンガポール攻略後、華僑《かきょう》の処刑命令を起案したのである。華僑はアジア人でありながら英国の手先となり、大東亜共栄圏の確立を目指す皇軍に協力しないというのが、その理由だった。彼にとっては、日本の軍人として許すことのできない行為だったのである。そして実際に、命令は実行に移され、数千人に及ぶ華僑が虐殺された。街路に晒《さら》された首には一つ一つ罪状が書かれていたという。このとき辻は、「おれはシンガポールの人口を半分にしようと思っている」とまで口にしたともいわれている。

そして極めつきは、終戦直前のビルマ戦線において、人肉を口にするまでに至ったというエピソードである。辻は、英兵の肝臓を自分で食しただけではなく、部下にもそれを強要したのだった。これには、敵を凌駕《りょうが》する勇気を養うという理屈があり、実際は豚のレバーだったという説もある。しかし、戦後になって、この件を苦にして自ら命を絶った者もいた。

　このように、辻の行動原理は、どの局面においても、軍人倫理に貫かれていた。ふつうの人間の価値観からすれば、それがどんなに誤ったものであっても、辻はこれを自ら積極的に打ち出し、率先して行動に移してみせた。そして、それを他人にも強要したのである。

## 創造なき組織

　ほとんどの軍人は、軍人倫理というものをどこかで意識している。その意味で、それは価値観や倫理観の一つであり、結局は個人の好き嫌いに帰着するものである。何が軍人として正しいのか、実は、誰も本当のことはわからない。しかし、それだからこそ、他人はそれを完全に否定することができない。そして、それゆえに、こうした価値観や倫理観が組織内に一度芽生えてしまうと、それは組織内に長く根を下ろすことになる。その結果、やがてそれに組織全体が拘束されてしまうことになるのだ。

　そのため、そのような硬直的な価値観や倫理観に基づいて行動するような人物が支配する組織は進歩がない。そして、そのような組織からは、どんな創造的な発想も工夫も生まれてこない。それどころか、その価値観や倫理観を維持しようとするために、逆に創造的行動は抑制されることになる。こうした組織は「創造なき組織」であり、単に硬直化に向かって突き進むだけのきわめて不健全な組織である。辻政信はまさにノモンハン事件において、軍人倫理にもとづく命令違反を通し、陸軍という組織を硬直化させていったのだった。

# 第6章　良い命令違反と悪い命令違反Ⅰ

以上のことから、辻政信が実行したような、正当性だけを追求して効率性を無視し、両者を乖離させてしまう命令違反は絶対に避けねばならない。なぜなら、それは、組織の不条理を回避するものではなく、逆に組織を不条理へと導くものになるからだ。

正当性と効率性とが乖離しているような命令のもとに置かれた場合、中川州男が実行したような、両者を摺り合わせるような命令違反が必要なのであり、そしてそれが功を奏すには、一方でそれを認めるような柔軟なマネージメントが必要となる。これによって、〈タイプⅠ〉の不条理は回避できるのだ。

では、辻と中川の違いは、なぜ生まれたのか。普通それは、性格やパーソナリティの違いに求められることが多い。読者の中には、辻のような人物は、歴史が生んだ、あくまで一回性のユニークな存在であって、今の時代にそのような人物は現れることはない、と思う人がいるかもしれない。

しかし、彼は決して一回性のユニークな存在ではない。現代においても、属する組織の状況によっては、誰でも第二の辻政信になりうる可能性があるのだ。

このことを、第1章で説明した最新の行動経済学を用いて説明してみたい。そして、どうすれば、辻のような不条理な命令違反ではなく、中川のような不条理を回避する命令違反が可能になるのか。これについて次に考察してみよう。

## （1）悪い命令違反

### 辻政信の心理

ノモンハン事件での辻政信の命令違反は、資源配分の効率性にこだわる陸軍参謀本部からの命令に対して、それをまったく無視し、あくまで関東軍、そして彼自身の面子にこだわったゆえの行動であった。しかしそれは、インパール作戦における牟田口廉也と同じで、まさに組織を不条理に導く行動だったのだ。

当時、陸軍全体がそうであったように、これまで大きな敗北を経験したことのなかった辻は、ノモンハン事件の初動で予想外の敗北感を味わってしまった。このときの辻の心理的状態を、第1章で説明したプロスペクト理論の価値関数で表せば、図表6－1のように

図表6-1　辻および軍中央の行動

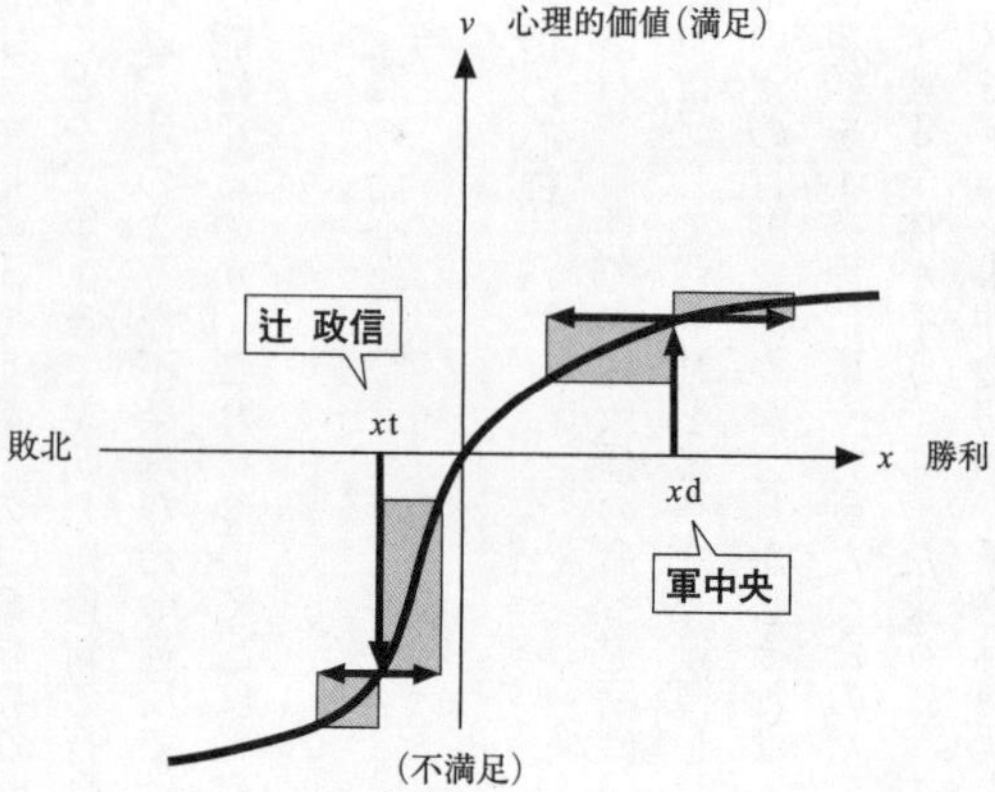


マイナス（$xt<0$）となる。すなわち、これ以上敗北感が強くなっても、それほど彼の心理的価値（＝満足）は大きく減少しないが、少しでも敗北感を減少させることができれば、彼の心理的価値は加速度的に高まるような心理状態にあったと思われる。こうした心理状態では、辻にかぎらず誰でも、ノモンハンでの戦闘をできるだけ早く終結させて、大きな敗北を確定するようなことはしないだろう。

　このときの心理は、株価が下がり続けている株式を大量に保有しているトレーダーの心理とまったく同じである。トレーダーの場合も、保有している株式を売却し、損失を確定しようとはしない。株を保有し続けるリスクが高いにもかかわらず、それでも、そうし続けるだろう。

同様に、たとえ正当性と効率性とが完全に乖離していたとしても、そして、たとえ命令違反を犯したとしても、なお軍人としての倫理や正当性を掲げてソ連とのリスクの高い戦いを継続することは、辻にとっては自らの心理的価値を高める上で、きわめて合理的な行動だったのだ。

しかし、こうした行動は、客観的には非効率である。それゆえ、こうした行動をとる人物に率いられた組織には、非効率な命令のもとに、合理的に失敗に導かれることになる。つまり、不条理に陥ってしまうのだ。

## 陸軍参謀本部のエリートたちの心理

他方、陸軍参謀本部のエリートたちは、日華事変以後、上海から南京、そして重慶へと奥深く後退して行く中国の政府軍に対して、これ以上勝ち続けても、それほど心理的価値は高まらないような心理状態にあった。それをプロスペクト理論の価値関数で表せば、陸軍参謀本部のエリートたちの心理状態は、図表6－1のようにプラス（$xa>0$）の位置にあったと考えられる。

この場合、彼らにとって、ソ連とのリスクの高い戦いを継続することは、それほど大きく心理的価値を高めるものではなかった。むしろ、ここで少しでも敗北感を味わうことになれば、大きく心理的価値が減少するような心理状態にあったのだ。

それゆえ、陸軍参謀本部のエリートたちはノモンハン事件への深入りに強く反対し、戦闘をできるだけ早く収束させ、戦果を確定させてしまおうとしたのだ。にもかかわらず、辻は攻撃の正当性をあえて打ち出して、彼らの命令に反し、ノモンハンにおける戦いを続行し続けたのである。

組織の中で、こういった命令違反を繰り返した辻は、その後も、このまったく同じ過ちを、第2章で説明した太平洋戦争におけるガダルカナル戦で再び犯してしまうことになるのだ。

## (2) 良い命令違反

### 大本営のエリートたちの心理

これに対して、ペリリュー島での中川州男の命令違反は、大本営陸軍部のエリートたちの非効率的な戦術命令に対して、あくまでも効率性を正当性に摺り合わせるような不条理回避的なものであった。

図表6-2　大本営と中川の行動

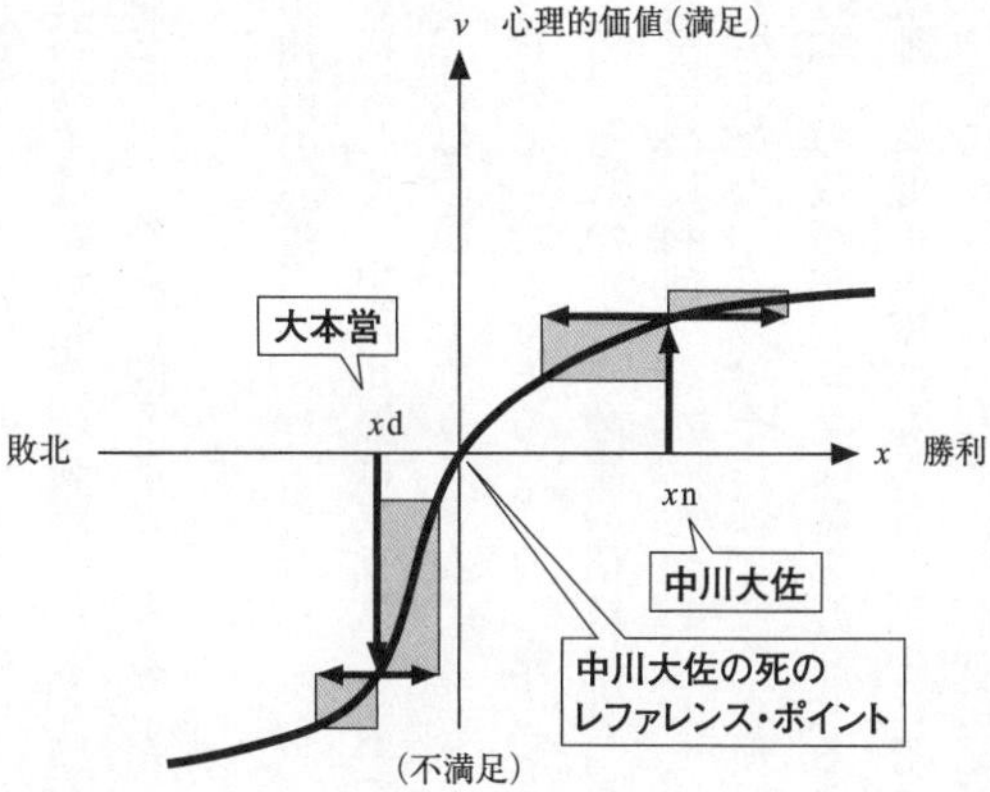


太平洋戦争が進行し、日本軍をめぐる戦況が深刻なものになったとき、大本営陸軍部のエリートたちは、予想外にマイナス（$xd < 0$）の心理状態に陥っていた（図表6－2）。つまり、これ以上敗北しても、それほど心理的価値は大きく減少しないが、少しでも敗北感を減少させることができれば、その心理的価値は大きく増大するような心理状態にあったのだ。

　このような心理状態では、少しでも勝機があれば、たとえ水際撃滅作戦のように、きわめて非効率的な戦術であっても、軍人としての倫理や正当性を前面に押し出してそれを続行する方が、心理的価値が増大する可能性があり、それゆえそのような作戦を指示していたのは心理的に合理的だったのだ。

このとき、大本営のエリートたちの中では、正当性だけが追求されて効率性が無視され、正当性と効率性とが完全に乖離することになる。こうして組織は、合理的に失敗に導かれる。つまり、不条理に陥ることになるのだ。

## 中川州男の心理

これに対して、中川州男はプラス（$xn>0$）の心理状態にいたと思われる（図表6－2）。つまり、彼は冷静さを失うことなく、現状が常に予想以上にプラスに捉えられるような平常心の状態でいたのである。こうした心理状態のもとでは、大本営が命じる水際撃滅作戦に対して、それがたとえ陸軍の伝統に則った正当なものであっても、きわめて非効率であることを冷静に判断できた。だから、たとえその作戦を遂行することによって、一時的に戦果を挙げたとしても、それほど彼の心理的価値が増大することはなかった。そして、大本営の本来の戦略が、本土決戦を遅らせることにあることを十分理解していたから、徹底して現地の資源の効率的な配分と利用に努めたのである。

当時、軍部内の多くの人々が日本の戦況が悪化していることを知っていた。それゆえ、大本営のエリートたちと同様に異常な心理状態に置かれ、たとえ非効率的で無駄な戦いであったとしても、それを続行させるという空気を作り上げていた。そんな中、なぜ中川大佐はそんな空気に呑まれることなく、平常心を保つことができたのか。

それは、「死ぬ」ことが、彼のレファレンス・ポイントだったからである。彼はペリリュー島から生きて日本に帰ることなど、まったく考えていなかった。このように覚悟を決めている人間にとって、予想外のマイナスなどもはやありえない。生きているかぎり、すべてが予想外のプラスになるのだ。

硫黄島の戦いにおける司令官栗林忠道中将も、沖縄戦で英知を発揮した高級参謀八原博通大佐も、そしてフィリピン戦で最後まで戦い貫いた山下奉文大将もまた、死を自らのレファレンス・ポイントとして戦った可能性がある。そんな軍人としての覚悟や潔《いさぎよ》さこそが、効率性と正当性とを摺り合わせ、組織の不条理を回避するような命令違反に、彼らを導いたように思われる。

これを会社組織にあてはめてみれば、「最後は、私が会社を辞めて責任をとる」——そういった覚悟や潔さをレファレンス・ポイントとして命令違反を実行できるかどうか。これが、〈タイプI〉の不条理に陥ったときのファイナル・ソリューション（最終解決案）である。そして、それを実行できる土壌が組織内にあるのかどうか。これが組織にとって重要なのである。

## （3）〈タイプⅠ〉の不条理の克服

### リーダーが、プラスの心理状態をいかにして維持できるか

以上の話を、行動経済学の理論に従って、整理してみることにしよう。

限定合理的な人間には、価値関数で表現されるような心のバイアスがある。そのため、レファレンス・ポイントに対して予想外のマイナスを感じた場合、何もしないでいるより、非効率な手段を使ってでも、正当性を前面に押し出して戦いを継続させる方が、心理的には合理的となる。

組織のリーダーがこのような心理状態に陥ると、組織はきわめて危険な状態になる。合理的に失敗に導かれるという不条理な状態が発生してしまうからだ。

この不条理をいかに回避し、克服するのか。

それは、行動経済学的にいえば、リーダーが、常にプラスの心理状態をいかにして維持できるかにかかっている。もし維持できていれば、いたずらに正当性にこだわることなく、効率性が行動決定の際の必要条件として冷静に考慮されることになる。

## 二つの方法

では、どうすれば、常にプラスの心理状態を維持できるのか。理論的には、二つの方法が考えられる。

一つは、レファレンス・ポイント自体を移動させる方法だ。たとえば、次ページの図表6－3のようにマイナスの心理状態$x_1$にあったとしても、レファレンス・ポイント（R）を、より低い位置（R'）に設定するよう心がけるのである。なかでも、最も低いレファレンス・ポイントとは、軍人にとっては中川州男のように死であったり、またビジネスマンにとっては辞職であったりということになるだろう。

もう一つは、失敗や敗北を完全に否定してしまうのではなく、結果を常に批判的に分析するという方法だ。そこでは、ここまでは良かったとか、この点は思ったよりも良かったとか、思ったよりも優れた側面もあったなど、プラスに考える気持ちが大事である。

たとえば、図表6－4の$x_1$のように、「思ったよりも結果はマイナスだった」と否定的に認識している場合、それを全否定するのではなく、どこまでが認められ、どこからは認められないかを批判的に分析する。そうすれば、図表6－4の$x'$のように、結果をある程度プラスに評価することができるようになる。そして、心理状態を常にプラスの状態に維

図表6-3　レファレンス・ポイントRの操作

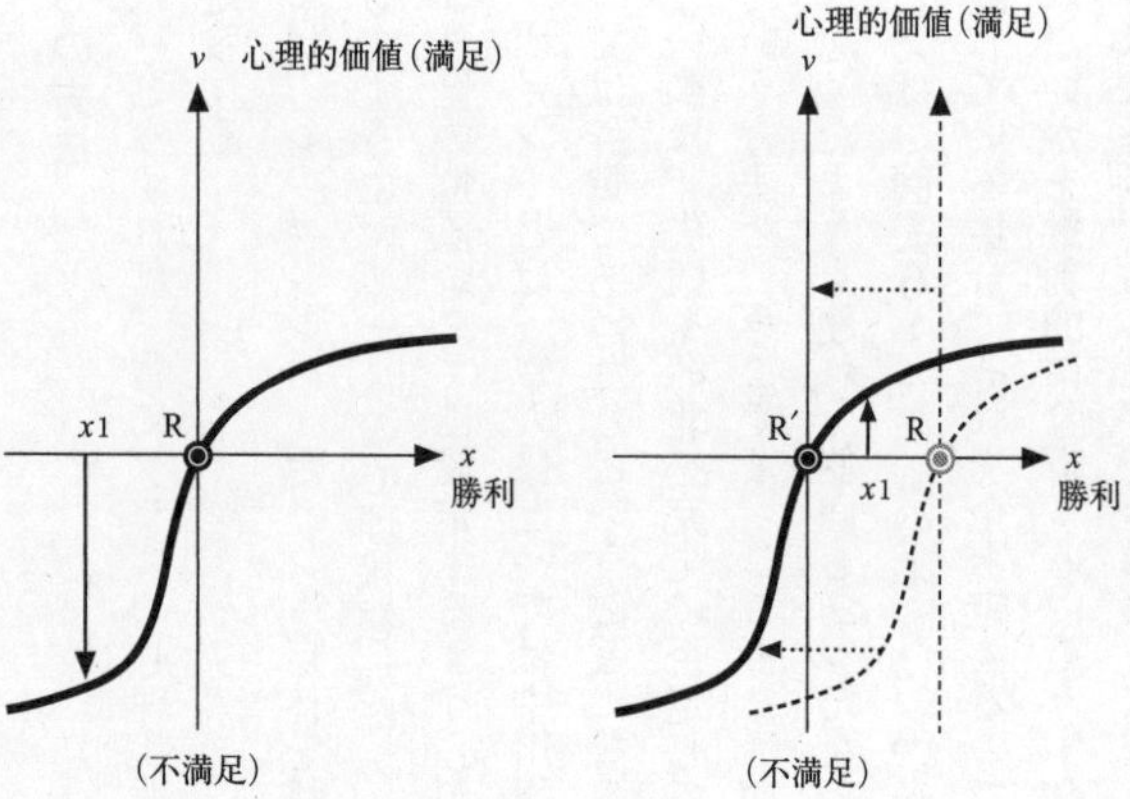


図表6-4　評価Xの操作

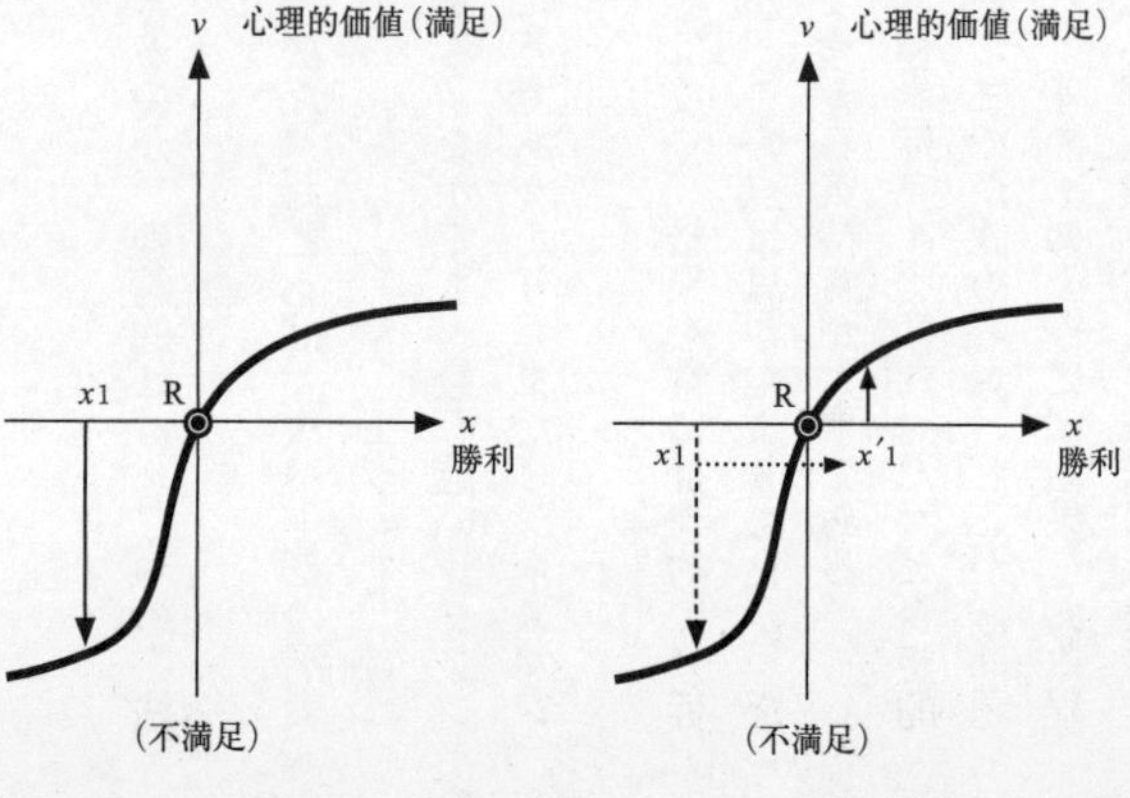

持でき、正当性と効率性とを摺り合わせるような行動ができる可能性がある。

このように、リーダーは、レファレンス・ポイント自体を移動させたり、結果を批判的に分析することによって、心の状態を常にプラスの状態に維持しておく必要がある。こうした心的な努力は、物理的コストをともなわないので、一見簡単にできるように思える。しかし、心というのは変化しやすいものである。だから、そうならないようにするためにも、物理的コスト以上に、膨大な心理的コストが必要となるということを心に留めておいてほしい。

# 第Ⅲ部　〈タイプⅡ〉の不条理を打破する命令違反

ペリリュー島の戦闘における中川州男のように、正当性と効率性とが乖離する状況で、自らの生命をかけて両者を摺り合わせるような命令違反を実行することは、〈タイプI〉の不条理を回避し、組織に革新を起こす可能性がある。

しかし、注意しなければならないのは、そのような命令違反にもさらに二つのタイプがあるということだ。一つは、特定の個人、あるいは特定のグループにとってのみ効率的であるという私的効率性と広く社会全体にとって効率的であるという社会的効率性とを摺り合わせるような命令違反と、もう一つは、社会的効率性を無視して私的効率性だけを追求するような命令違反である。これらのうちの後者は、組織を〈タイプII〉の不条理へと導くことになるのだ。

これら二つを区別し、後者のような命令違反を生み出さないためにも、ここでは日本海軍における二つの歴史的命令違反の事例を取り上げてみたい。それは、軍事史上一般に高く評価されているミッドウェー海戦での山口多聞の命令違反と、一般に低く評価されているレイテ海戦での栗田健男の命令違反である。

二人の指揮官の行動は、今日、さまざまな形で解釈されているが、いずれも固有の責任原理にもとづいて、それぞれ効率的で責任ある命令違反を行った。とくに、山口多聞の命令違反は、私的効率性と社会的効率性とを摺り合わせるようなものであった。しかし、栗田健男の命令違反は、私的効率性はあったが、社会的効率性がなかったために、結果的に不条理なものとなった。

両者の行動を分けたものは何か。それを探る上で、以下、まず山口多聞の命令違反と、その一般的評価について説明し、次に栗田健男の命令違反と、その一般的な評価を紹介する。そして最後に、〈タイプⅡ〉の不条理を回避する行動原理とは何であるかを明らかにしてみたい。

# 第7章　ミッドウェー海戦での山口多聞の良い命令違反

## （1）山口多聞

ミッドウェー海戦で活躍した山口多聞は、海軍兵学校四〇期を最年少で入学し、連合艦隊航空戦隊司令官に最年少で就任するなど、すべてを最年少で通した日本海軍が誇る傑物《けつぶつ》だった。神は彼に二物以上のものを与えた。頭脳、財力、そして健康を、彼は兼ね備えていたのだ。

そうであれば、自信満々だったり、多少傲慢《ごうまん》なところがあってもよさそうなものだが、彼にかぎってはそうではなかった。天真爛漫《てんしんらんまん》で純真で、そして世の中の濁りに染まらない人物だった。また、生まれの良さもあって物欲に乏しく、何でも他人に分け与え、見返りを求めたりはしなかった。そんな彼の下で部下は喜んで働いた。「この人のためだったら死んでもいい」、そう思う部下が多かった。

戦時中、軍人の中には、もっと良い死に場所があるのではないかとじたばたして、所信を断行する識見と勇気を欠き、いたずらに生きながらえた者が多くいた。また、地位や名誉に汲々とし、結局、何事も成し遂げることなく生きながらえた者も多くいた。こうした指揮官たちに対して、軍人としての一つの生き方を鮮明に示してみせたのが山口多聞だったのである。

戦後、米国やドイツの研究者が山口多聞の存在に注目し、彼の資料を日本の関係者に求めてきた。彼らが注目したのは、ミッドウェー海戦における、彼の指揮官としての命令違反行動である。

山口多聞

## （2）ミッドウェー海戦

### ミッドウェー作戦の具体的シナリオ

ミッドウェー攻略作戦は、山口多聞が最後に参加することになった作戦である。これは、南方のインドネシアの石油を確保するという日本軍の第一段作戦が終了した後の昭和一七（一九四二）年四月一八日、ドゥリットル中佐率いるB25爆撃機隊による東京初空襲（ドゥリットル空襲）が引き金となって実行へと移されたものだった。

この空襲による被害こそ少なかったものの、帝都・東京が直接爆撃されたショックは大きかった。まさに日本軍の意表を突いて行われたものだったため、国民の間でも不安が広がり、しばらく敵機来襲の誤報が続いた。

そこで海軍は、二度と米軍機を東京に近づけないように、米空母部隊を全滅させる必要があると考えたのだった。

ミッドウェー作戦は、それまでにも議論に上っていた作戦の一つだったが、こうした状況の中で、俄然現実味を帯びてきた。具体的には、日本軍がハワイ西方に位置するミッドウェー島を占領し、ハワイ攻略のための前進基地を築くとともに、それに反応して出現する米空母部隊を誘《おび》き出し、一気に撃滅しようとするものだった。

当時、日本軍は、ミッドウェー島の米軍基地を奇襲攻撃することは十分可能であり、この攻撃に反応して出現してくる米空母部隊を撃滅することも比較的容易であると判断していた。そして、ミッドウェー島上陸予定日を、気候条件と月齢を考慮して、同年六月七日に決定したのである。

このミッドウェー作戦で主役を演じたのは、南雲忠一中将が指揮する第一機動部隊である。これは空母部隊、支援部隊、警戒隊、そして補給隊からなり、その本体は空母部隊で、「赤城」と「加賀」を航空母艦とする第一航空戦隊と、山口多聞少将が指揮する「蒼龍」と「飛龍」を航空母艦とする第二航空戦隊とによって構成されていた。

　こうした体制のもとに展開されたミッドウェー作戦の具体的なシナリオは、次の通りであった。

南雲忠一

（作戦一）

まず、細萱《ほそがや》戊《ぼ》子郎《しろう》中将の指揮下にある北方部隊では、ミッドウェー島を攻撃する直前に主力艦隊がアリューシャン列島に先制攻撃を加え、敵の注意を北方に向けるという「おとり」作戦を展開する。

（作戦二）

次に、南雲忠一第一航空艦隊司令官の指揮下にある、第一航空戦隊および第二航空戦隊の空

図表7-1　ミッドウェー作戦の連合艦隊編制図

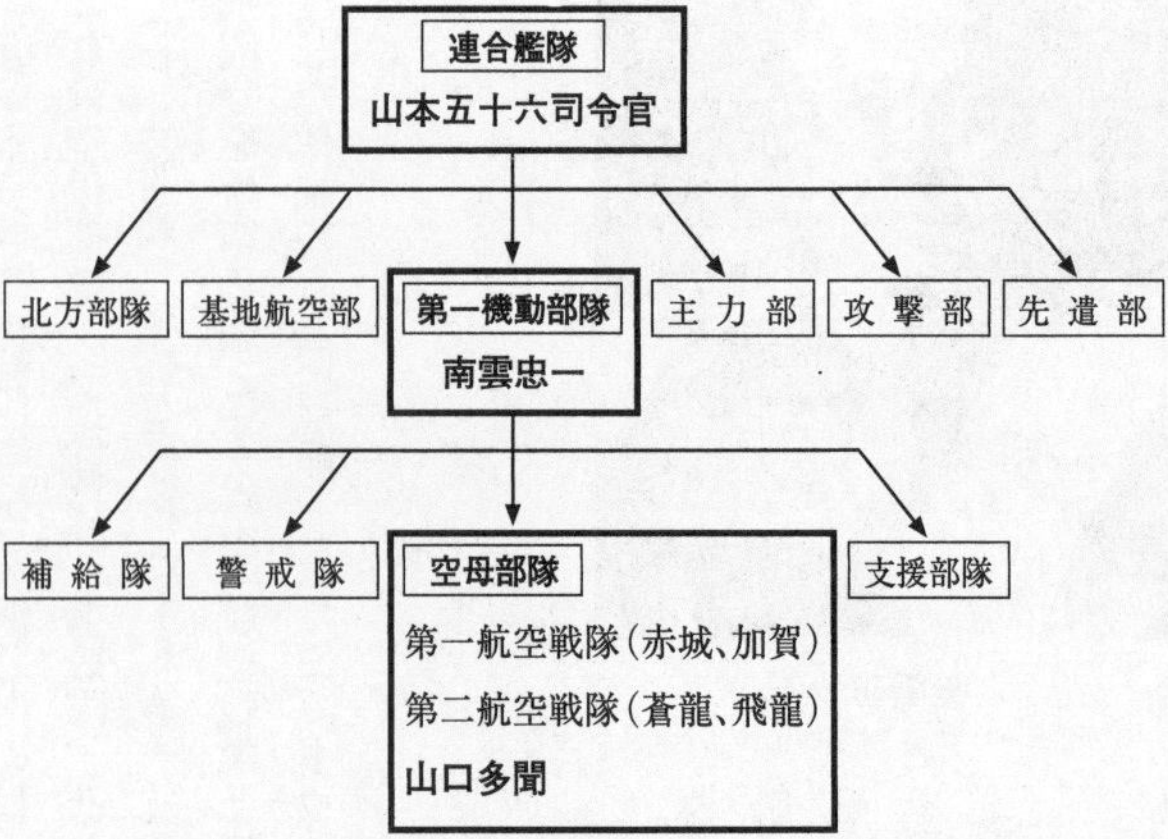


母四隻を中心とする第一機動部隊は、上陸二日前にミッドウェー島の北西二五〇カイリ付近に進出し、ミッドウェー島を奇襲攻撃する。その際、敵戦闘機と基地を攻撃破壊して、基地を一時的に使用不能にする。必要とあれば、再度攻撃を行う。この間、空母搭載機の半数は、敵艦隊の出現に備えて待機する。

（作戦三）

第一機動部隊は、ミッドウェー上陸一日前に敵の情況に変化がなければ、敵艦隊の出現に備えながら、ミッドウェー島攻撃を続ける。また、上陸当日に敵の情況に変化がなければ、ミッドウェー島上陸作戦に協力し、その後ミッドウェー島北方約四〇〇カイリ付近に進出して、敵艦隊の出現に備える。ミッドウェー島の基地が使用可能になりしだい、各空母に搭載中の基地航空部隊の戦闘機を同島に進出させる。

（作戦四）

以後、攻略後一週間、機動部隊はミッドウェー島付近を行動する。その後、ミッドウェー海域を離れ、機動部隊はトラック島の基地に帰投する。

## 一回目のコンフリクト（衝突）と命令服従

これらの作戦に従い、六月三日から七日にかけて、日本軍の北方部隊は予定通り、アリューシャン攻略に成功した。もし米国太平洋艦隊司令長官ニミッツが、これが「おとり」作戦であることを知らなければ、この攻撃に対して反撃に出ていたであろう。しかし、米国側はすでに日本軍の暗号を解き、その計画の内容を正確に把握していた。

他方、そのことも知らず、日本の第一機動部隊は作戦シナリオに従い、五月二七日午前五時（以下、日本標準時を用いる）に広島湾、柱島《はしらじま》から出撃し、六月五日午前一時三〇分にミッドウェー島北西約二一〇カイリ付近に到達していた。そして、空母上空の警戒機、ミッドウェー攻撃隊、そして敵空母の存在に備えて索敵機を発進させた。そのうち、重巡洋艦「利根」から発進した索敵機「利根四号機」の発進が三〇分ほど遅れた。この遅れが、後に問題となる「運命の五分間」と関連してくることになる。

第一機動部隊司令官・南雲忠一は、このとき米空母が近くで待ちかまえていることなどまったく知らなかった。それどころか、連合艦隊や第一機動部隊の司令部は、米空母との決戦は起こらないのではないかとさえ思っていたのだ。というのも、当時、日本軍は、米軍に関して次のように考えていたからである。

まず、一月にはウェーキ島近海で、日本軍の伊号第六潜水艦によって、米空母一隻が撃沈されている。また、五月の珊瑚海海戦でも米空母一隻が撃沈、一隻は大破された。さらに、残り二隻の米空母も、南太平洋にいることが偵察機によってすでに確認されていた。したがって、いずれもミッドウェーでの戦いには間に合わないと思われたのである。そこで、米国のそのような状態に付け込んで、時間をおかずに攻撃しようとする意図すら日本軍にはあったのだ。

しかし、実際には、事態はまったく異なっていた。ウェーキ島で撃沈したと思われていた米空母は中破にすぎず、修理されてサンディエゴにあった。また、珊瑚海海戦で撃沈したと思われていた「ヨークタウン」も、その実は修理可能な状態だった。それでも、修理に三ヶ月はかかると見られていたが、ニミッツはハワイの海軍工廠《こうしょう》に「三日で修理せよ」と命じ、細部の修理は多数の工員がそのまま空母に乗り込んで、修理しながら出撃するという離れ業を演じた。こうして、米国の恐るべき生産能力と修理技術のもとに、ミッドウェー島での戦いに間に合うことができたのだった。

さらに、南太平洋にいた二隻の空母「エンタープライズ」と「ホーネット」も、今回の出撃に間に合った。このような状況に加えて、米海軍は日本軍の暗号を完全に解読し、これら三隻の空母で日本軍を待ち伏せしていたのである。

こうした事実を、日本軍はまったく把握していなかった。それゆえ、連合艦隊司令部の指導により、万一敵の空母が出現したときに備えて待機させていた航空機を、ミッドウェー島への第二次攻撃に振り向けようとしていたのである。

その頃、日本の空母「飛龍」から飛びたった飛行隊長友永《ともなが》丈市《じょういち》大尉率いる第一次ミッドウェー攻撃隊一〇八機（艦爆三六機、急降下爆撃機三六機、制空戦闘機三六機）は、三時三〇分頃、第一弾をミッドウェー島に投下した。そして、約三〇分間にわたって、ミッドウェー島の米軍基地を攻撃し、基地設備に損害を与えたのだった。

しかし、その際、滑走路の破壊が十分ではなく、しかも、米軍の航空機がすでに発進した後だったため、敵の戦力に決定的なダメージを与えることができなかった。そこで、四時に友永大尉は、ミッドウェー基地への第二次攻撃の必要性を第一機動部隊に連絡した。

一方、ミッドウェー島を発進していた米軍の航空部隊は、四時五分頃、日本軍の第一機動部隊の上空に到達し、攻撃を開始した。この攻撃は約一時間半にわたって断続的に続けられたものの、小兵力かつ米軍の搭乗員の技量不足もあって、日本軍に対して爆弾や魚雷を命中させることができなかった。

　これに対して日本軍は、第二次ミッドウェー島攻撃隊用に控置しておいた戦闘機の大部分を発進させて防空戦闘に従事させ、米軍機のほとんどを撃墜した。この戦闘中に、日本軍が派遣した索敵機が捜索線前線に達する予定時刻の四時一五分を迎えていた。しかし、索敵機からは敵艦隊発見の連絡はなかった。そのため、南雲中将はミッドウェー島付近に敵艦隊はいないと判断したのである。

　そこで、予定通り、南雲中将は友永大尉の要請を受けて、第二次ミッドウェー島攻撃を実施することを決断し、各空母で万一に備えて待機していた爆撃機の装備、つまり敵空母攻撃用の「八〇〇キロ魚雷」を、ミッドウェー島の飛行場を攻撃するための「二五〇キロ爆弾」に積み替えることを命令した。

　爆弾の積み替えが終わった四時二八分、遅れて出発していた第四索敵機「利根四号」が、敵らしきものを発見したことを伝えてきた。このとき、南雲中将は近くに米軍艦隊がいると判断し、米空母もまた必ず近くにいると推測した。

　そこで、急遽ミッドウェー島への第二次攻撃を取りやめ、再び米機動部隊への攻撃に作戦を変更した。そのため、再び攻撃隊の兵装をミッドウェー基地攻撃用の「二五〇キロ爆弾」から敵艦船攻撃用の「八〇〇キロ魚雷」に転換しはじめた。そして、引き続き索敵機に空母が付近にいるかどうかを確認するように命じたのである。

五時二〇分になって、索敵機は敵が空母らしきものを一隻ともなっていることを報告してきた。この時点で、日米機動部隊の距離は約二一〇カイリと判断された。これは飛行機が攻撃可能な距離であり、航空戦の原則では直ちに攻撃隊を発進させる必要があった。

しかし、先の米軍機による一時間半にわたる断続的攻撃に対抗するため、ゼロ戦をすでに使用してしまっており、爆撃機を護衛する戦闘機に余裕がなくなっていた。また、爆撃機に魚雷を取り替える作業も完了していなかった。さらに、四時五〇分頃から、日本軍の第一次ミッドウェー攻撃隊が、次々と空母上空に戻りはじめていたのである。

このような状況で、南雲中将はジレンマに陥った。もし米空母を攻撃するために、第二次攻撃隊の発進準備を急ぎ、攻撃機を空母の甲板上に並べれば、艦上に第一次ミッドウェー島攻撃隊が着艦するスペースがなくなってしまう。そうなれば、被弾して煙を出している多くの戦闘機が、燃料不足で海上に不時着する危険性が出てくる。他方、第一次ミッドウェー攻撃隊の帰艦を優先すれば、敵空母への攻撃に遅れが生じ、逆に敵の攻撃を受ける危険にさらされかねない。

図表7-2　ミッドウェー作戦計画図

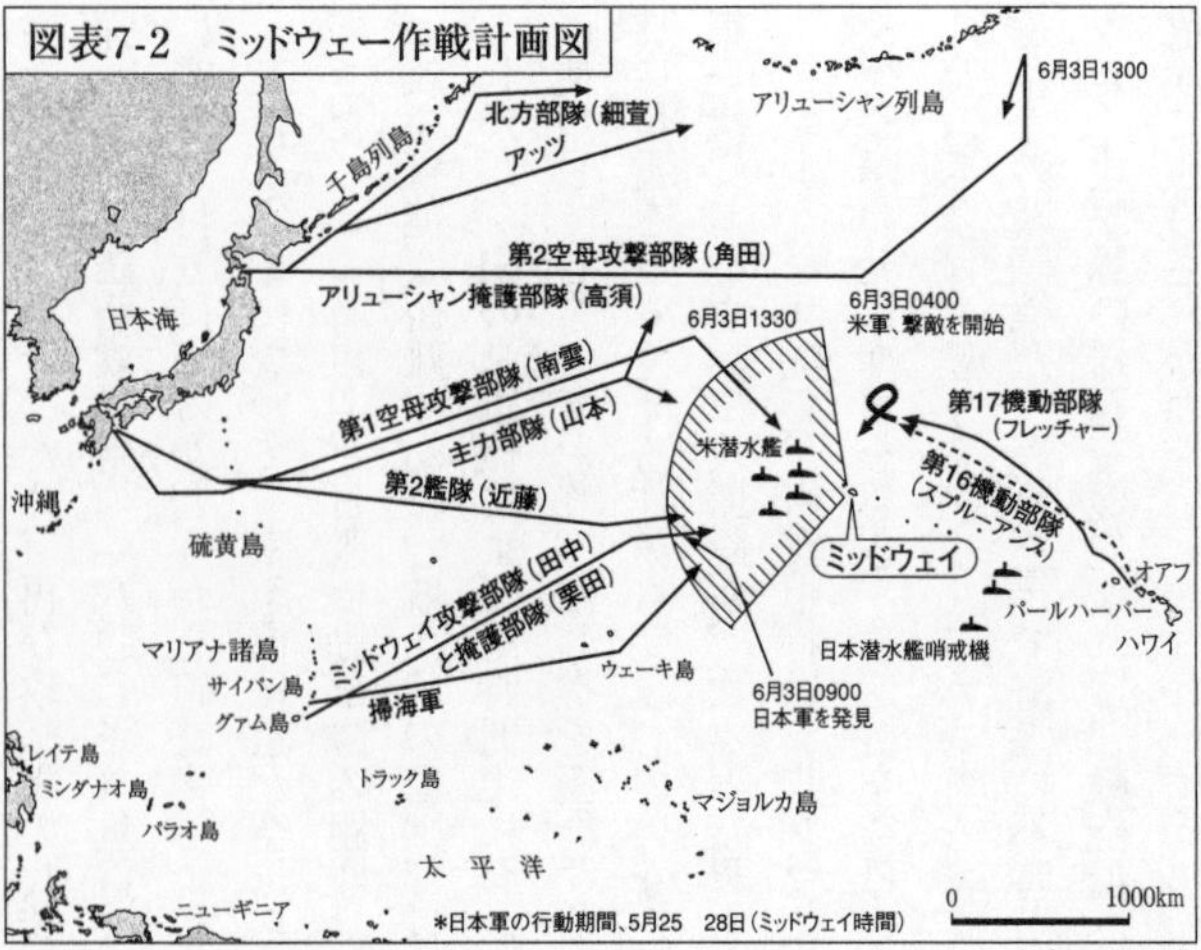


(Young, 1975)

こうした一刻を争う状況で、第二航空戦隊司令官山口多聞少将は「直ちに攻撃の要ありと認む」と主張し、たとえミッドウェー島攻撃用の爆弾を抱いたままでも、すぐに発艦できる第二航空戦隊の艦上爆撃隊三六機をまず発進させるよう、南雲司令官に意見を具申した。

これを受けて、南雲艦隊の司令部内では、「すぐに出せ」という者と、「いや魚雷でなければ敵艦は沈まない」という者の二つに分かれた。しかし、南雲司令官は、山口多聞の意見を聞き入れなかった。たとえ攻撃隊の発進が遅れ、その間、飛行機による敵の攻撃を受けたとしても、これまでと同様に十分撃退できると考えたからだ。さらに、南雲司令官は、索敵機の報告位置から考えて、敵機が来襲するまでには、まだ時間があると判断した。また、真珠湾作戦の際、自分の胸ぐらをつかまえんばかりの形相で第二航空戦隊の参加を求めてきた山口多聞に、南雲が不快感を持っていたともいわれている。

しかも、草《くさ》鹿《か》龍《りゅう》之《の》介《すけ》参謀長は、まず第一次ミッドウェー攻撃隊を収容し、その後に第二次攻撃隊を発進すべきだと進言していた。それを受けて、南雲中将はまず第一次ミッドウェー攻撃隊を収容し、その後で米空母に対する攻撃隊兵力を十分整え、そして護衛機をつけた上で一挙に敵の空母を攻撃するという方針をとった。そして、その準備が整うまで、敵との間合いを詰めるために機動部隊を北上させたのである。

## 二回目のコンフリクトと歴史的命令違反

こうして六時一八分までに、第一次ミッドウェー攻撃隊と上空警戒機の半数が各空母に収容された。そして、七時一五分には、各艦から「七時三〇分までに兵装転換準備完了の見込み」との報告があった。これを受けて、第一機動部隊司令部は、七時二〇分に「準備ができしだい発艦せよ」と命令した。

この命令に従い、七時二三分、空母「赤城」から第一機が発艦したまさにそのとき、雲の切れ目から三〇機の米軍の急降下爆撃機が四手に分かれて、日本の空母を爆撃してきた。

図表7-3　三空母被弾状況（防衛研修所戦史室、1971）

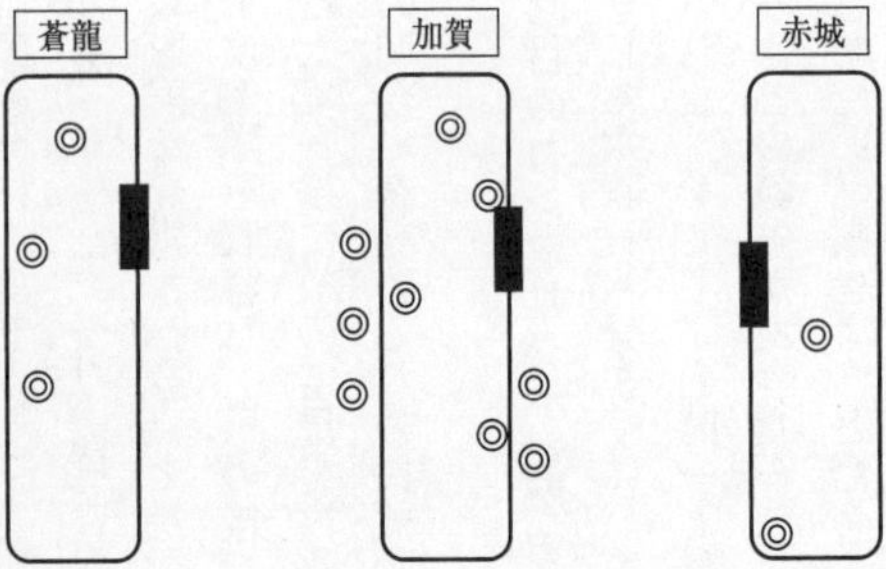


米軍によるこの攻撃によって、第一航空戦隊の空母「赤城」と「加賀」、第二航空戦隊の空母「蒼龍」が火災を起こし、また魚雷や爆弾が誘爆して、黒煙を上げた。まさに、「運命の五分間」であった。

米空母群の指揮官レイモンド・A・スプルーアンス少将は、日本軍の第一次ミッドウェー攻撃隊が空母に帰還し、艦上が混雑する時間に合わせて、空母艦上を爆破する「ドーントレス」急降下爆撃機、魚雷で空母を攻撃する「デヴァステイター」雷撃機、ゼロ戦と空中戦を演じる「ワイルドキャット」戦闘機を発進させていたのだ。

しかし、日本軍空母部隊はこのような致命的攻撃を受ける前に、すでに米航空隊による拙劣で散発的な攻撃を受けていたのだった。最初は、先に説明したようにミッドウェー基地から飛来した攻撃隊によるもので、四時五分頃に始まったが、一発も命中することなく、日本軍の戦闘機によって撃墜され、五時四〇分に戦いは終了した。

そして、その後の午前六時一八分、最初に日本軍を発見したのは、米空母「ホーネット」から発進した雷撃機隊であった。さらに、米空母「エンタープライズ」の雷撃機隊、最後に米空母「ヨークタウン」から発進した雷撃機隊も日本軍の第一機動部隊を発見、攻撃に移行していたのだ。

しかし、これら米軍機も、その技量のなさと日本軍の優秀な上空警戒機の活躍によって、そのほとんどが撃墜された。しかも、日本軍の巧みな操艦テクニックによって、魚雷による被害はほとんどなかった。

米国の雷撃隊は、いずれも全兵力が一致することなくバラバラで、しかも魚雷を発射するために、低空飛行で攻撃してきた。ところが、まったく偶然にも、この低空飛行が、日本軍の上空警戒機であるゼロ戦を低空域に集中させることになったため、七時二三分、上空から遅れて攻撃に入った米国爆撃機隊の奇襲攻撃を成功させることになってしまったのだ。

また、この爆撃機隊は、「エンタープライズ」から発進した爆撃隊であり、もともと先の雷撃機隊と同じ頃に発艦していたが、バラバラに進撃したため、遅れて日本軍の第一機動部隊上空に到着した。さらに、そこに、「エンタープライズ」爆撃機隊より一時間遅れて発進した「ヨークタウン」の爆撃機が合流して、日本軍の空母を攻撃してきたのである。

そんな中、「ホーネット」の爆撃機隊は、日本軍を発見できなかったのだが、「エンタープライズ」と「ヨークタウン」の爆撃機隊による攻撃によって、日本の連合艦隊が誇る空母「赤城」「加賀」「蒼龍」はほとんど機能しなくなってしまった。本来、この程度の攻撃では、甲板が爆撃を受けても、甲板が少しめくれる程度であったが、このときは甲板に並んだ飛行機のガソリン、爆弾、魚雷がつぎつぎ爆破し、やがて甲板下の格納庫や爆薬庫にまで引火してしまったのだ。

しかし、山口少将指揮の旗艦、空母「飛龍」だけは別行動をとっていたため、偶然、損害を受けなかった。このとき、山口少将は南雲中将が「赤城」の大火災で指揮がとれない状態にあることを確認し、指揮権の所在を示す将旗を掲げた。

そして、残存している艦隊に対して、「ワレ航空戦ノ指揮ヲトル」との信号を送り、同時に飛行機隊の攻撃準備と「飛龍」を敵方向に向けて全速力で進撃し、すぐに「飛龍は直ちに敵に向かって進撃、飛龍一艦で敵空母と差し違えるのだ」と命令した。この山口少将の行動は、上級指揮官からの指示を受ける前に行ったという点で明らかな命令違反であり、独断専行であった。

組織論的には、南雲艦隊の次席指揮官は、重巡洋艦「利根」「筑摩」からなる第八戦隊司令官阿部《あべ》弘毅《ひろあき》少将であった。海軍大学校で一期上の阿部少将に先回りして、「ワレ航空戦ノ指揮ヲトル」と宣言したのは、軍法から逸脱しかねない山口少将のファイナル・ソリューションとしての命令違反だったのである。

しかし、懲罰をも恐れぬ指揮官の勇気ある決断によって、発艦準備を進めていた「飛龍」の航空隊将兵のモチベーションは一挙に高まり、指揮官の意気に応えようという雰囲気が艦内に醸成されたのである。

## 第一次攻撃

「飛龍」で敵に向かう前、山口少将は、空母「赤城」「加賀」「蒼龍」を攻撃してきた敵機の数から、敵空母は一隻ではなく二隻と推測した。しかし、そのうちの一隻しか、位置を確認できなかったため、彼は確認できている方の空母を攻撃しようとした。

その際に山口少将は、味方の空母三隻が攻撃されてから三〇分以内に攻撃機を発艦させれば、燃料や弾薬を補給中の敵飛行機隊を一気に壊滅できるという目論見から「後の先」作戦をとった。そのため、発艦準備が完了している艦上爆撃機隊だけで攻撃を実施し、準備のできた艦上戦闘機をすべて護衛につけて、七時五八分に小林道雄大尉率いる第一次攻撃隊をすぐに発進させたのだった。

空母「飛龍」

その後、第一次ミッドウェー攻撃隊の指揮官友永大尉が帰艦してきた。山口少将は友永大尉に、「直ちに敵空母の攻撃に行け」と命令した。このとき、友永大尉の愛機の左翼燃料タンクが敵弾に爆破されていたため、友永大尉の部下の一人が自分の飛行機を使用してほしいと申し出た。

しかし、友永大尉は、「右翼タンクだけで十分だ」といって、九時四五分に再び発進して行った。友永大尉は、「ミッドウェー基地に対し、第二次攻撃の要あり」と連絡した自分の電報がこの惨事をもたらしたものと思い込み、自責の念にかられていたのだ。

その頃、「飛龍」から発進した第一次攻撃隊は、米空母「ヨークタウン」に帰艦しようとしていた米軍機群を発見、九時から九時一二分頃にかけて、この空母を攻撃し、爆弾三発を命中させた。九時二〇分、「飛龍」第一次攻撃隊からの戦果報告とともに、山口少将は索敵機から別の米空母発見の報告を受けた。

その後、第一次攻撃隊が空母「飛龍」に帰艦してきた。しかし、その被害は大きく、残っていたのは発進時の三分の一の数でしかなかった。艦橋前に整列した隊員に、山口少将は御神酒《おみき》をついで、「わが方はたしかに苦しい。しかし、敵も苦しいのだ。死んでくれ。わしも後から行く」と訓示したと生き残った人々によって伝えられている。

## 「飛龍」炎上

さて、友永大尉率いる「飛龍」第二次攻撃隊が第二の敵空母に向けて進撃する途中、第一次攻撃隊が攻撃した米空母「ヨークタウン」に遭遇した。「ヨークタウン」は攻撃された際、二時間足らずで消火活動と応急修理に成功し、自力で運航していたのだ。

これを第一次攻撃隊が攻撃した空母とは別の空母だと思い込んだ第二次攻撃隊では、一一時四五分頃、数機が「ヨークタウン」の雷撃に成功した。これによって、「ヨークタウン」は復旧できず、ついに航行不能に陥り、最終的に日本軍の伊一六八潜水艦によってとどめをさされた。友永大尉はここで壮絶な戦死を遂げたのだった。

一方、山口少将は第二次攻撃隊が発進した後で、米空母が実は二隻ではなく三隻であることを認識した。しかし、同じ空母を二度攻撃したことには気づかず、残りの米空母は一隻であると判断した。

これに対して、米軍は第四の日本の空母「飛龍」の位置を認識できずにいたが、米空母「ヨークタウン」が第二次攻撃を受けている間に、米軍の索敵機がついに「飛龍」を発見し、報告してきた。そこで、「飛龍」攻撃のために米軍側は「エンタープライズ」と「ホーネット」から第二次攻撃隊を発進させた。

その頃、日本軍の第二次攻撃隊が、「飛龍」上空に帰ってきて収容された。こちらも第一次攻撃隊同様、被害は大きかった。山口少将は、被害が予想以上に大きかったため、この貧弱な兵力で、すぐに攻撃しても成功しないだろうと考えた。そこで、攻撃に有利な夕暮れまで待って、艦上で第三次攻撃の準備を進めた。

しかし、「飛龍」は午後一時四五分に「ホーネット」と「エンタープライズ」から発進してきた攻撃隊についに発見され、午後二時から敵飛行隊の猛烈な攻撃を受けた。これによって、日本軍最後の空母「飛龍」は炎上、応急処置もできないほどの被害を受けてしまったのだった。

## 山口多聞の最期

この時点で、日本軍の四隻の空母すべてが戦闘不能となった。「蒼龍」と「加賀」は四時頃に相次いで誘爆して、沈没した。山口少将は、最後に総員撤去命令を下した。

「みんなのおかげで、三空母の分もやった。どうもありがとう。蒼龍、飛龍両艦の亡失に対しては、司令官がその責に任じ、本艦の最期を見届ける。戦争はこれからだ。一同は退去し、生き残ってどうか強い強い日本海軍を作ってもらいたい」

総員は日本の方向に向き直り、山口少将の音頭で万歳を唱えた。軍艦旗と将旗がおろされ、退艦儀式が手順通りに進むと、天皇の御真影《ごしんえい》を背負った主計兵曹《へいそう》を先頭に、負傷者、搭乗員、艦内勤務者の順に退艦がはじまった。駆逐艦二隻が接近してきて、短艇を繰り出した。

司令部職員の伊藤清六中佐主席参謀が、山口少将に「何かいただくものはございませんか」とたずねると、彼は「これでも家族に届けてもらうか」と頭に手をやり、かぶっていた黒の戦闘帽を脱いだ。その帽子はいまでも残っている。

これに対して、山口少将は「それをくれ」と、伊藤参謀が腰に下げていた手ぬぐいを指さした。空母が沈

**図表7-4　ミッドウェー戦の日米損害状況**

| | 日本海軍 | 米国海軍 |
|---|---|---|
| 空　母 | 4 | 1 |
| 重巡洋艦 | 1 | 0 |
| 駆逐艦 | 0 | 1 |
| 航空機 | 300 | 147 |

むとき、浮き上がらぬよう、自分の身体をどこかにくくりつけるつもりだったのだ。海軍の美学である。

翌六月六日午前二時、「赤城」と「飛龍」は味方駆逐艦の魚雷によって沈められた。山口少将は、「飛龍」と運命をともにした。

### （3）山口多聞をめぐる一般的評価

#### 頭脳明晰

以上のような山口多聞の命令違反行動は、これまでどのように解釈され、評価されてきたのだろうか。彼の行動は明らかに命令違反であったが、それは最悪の戦況の中、一瞬のうちに行われた的確な判断であり、それが米軍に対して一矢を報いたため、今日、非常に高く評価されている。

彼は、常に、これがこの世の最後になるかもしれないという心構えで、全力・最善を尽くす生き方をしていた。部下にも、常々、「武人は早く死ね。死に遅れると生き恥をさらす。犬死にも腰抜けといわれるよりましだ。生か死かいずれかと迷えるときは潔く死ね」と語っていた。

また、もともと彼は非常に頭脳明晰な人間であり、将来に対する洞察力が鋭く、複雑な情勢や戦況を簡明に整理し、何が重要であるかを瞬時に分析するセンスがあったといわれている。重要なときには、迅速かつ果敢な決断、および処置を行い、その意見や具申には、まさに神のようなものがあったともいわれている。

それを検証する上で、彼の一生をここで簡単にレビューしてみよう。

## エリートを輩出する家系

山口多聞は、明治二五（一八九二）年に東京の小石川で生まれた。「多聞」は、南北朝時代の武将楠《くすの》木《き》正成《まさしげ》の幼名で、山口自らが「楠公七代の生まれ変わり山口多聞」と墨書した紙も残っている。

山口家は非常に裕福で、かつエリートを輩出する家系だった。多聞の父親は東京帝国大学を卒業後、大蔵省の官吏を経て台湾総督府の財務部長を務め、そして晩年には日本銀行の理事となった人物であった。また、父方の伯父にあたる半六は日本初の工学博士であり、その弟鋭之助は理学博士で、学習院院長や宮中顧問官も務めた。

多聞もまた小学校の頃から非常に優秀で、明治三八（一九〇五）年に、当時東京・神田にあった私立開成中学に入学した。当時、攻玉社中学が海軍志望者の、開成中学が陸軍志望者の予備校といわれていたのだが、この常識に反して、彼は江田島にある海軍兵学校を受験し、第四〇期一五〇人中二一番、しかも同期最年少で合格したのだった。

当時の海軍兵学校には、上級生の三七期に井上成美《いのうえしげよし》や小澤治三郎《おざわじさぶろう》が在学し、三八期には栗田健男がいた。そんな中、山口はそれほどガツガツ勉強しなくても常に成績は上位で、また健康かつスポーツも万能、さらに馬術も陸軍将校顔負けの腕前を見せた。そうして明治四五（一九一二）年、海軍兵学校を次席で卒業した。

このように山口は、裕福ではない家庭に生まれ、がむしゃらに勉強してのし上がってきた陸軍の怪物秀才辻政信とはまったく対照的な人物であった。

## 「人殺し多聞」の異名

大正一〇（一九二一）年、米国駐在を命じられた山口は、米国の名門プリンストン大学に留学する。当時、二九歳の彼は大尉の地位にあったが、自ら進んで大学の学生寮に入り、米国の若いエリート学生たちと一切をともにし、そこで米国の文化も学んだ。

二年間の米国留学から帰国した山口は、連合艦隊旗艦「長門《ながと》」の水雷科《すいらいか》分隊長に就任した。このとき、海軍兵学校を次席で卒業し、米国帰りの超エリートだということで、分隊員の間ではつきあいにくい人物ではないかとひそかに噂されていた。しかし、案に反して実物は非常に気さくで、ものわかりもよく、分隊員たちの人気を大いに集めることになった。

中佐に昇進して、連合艦隊の先任参謀の命を受けた際、山口は、先任参謀としての信条は何かと問われたことがあった。そのとき、彼は「物事を可能なかぎり簡単明快に整理し、ひとことでいえば結論は何か、それを考えることだ」と答えたといわれている。大佐に昇進し、海軍大学校教官の命を受けたときも、その信条はまったく変わらなかった。学生に対して、物事を徹底的に簡単明快に整理して考えることを教え込んだのである。

昭和一三（一九三八）年に少将に昇進した二年後、山口は中国大陸で作戦中だった第一連合航空隊の司令官となり、これまでの専門とはまったく異なる航空部隊を指揮することになった。これは、山本五十六と大西瀧治郎《おおにしたきじろう》が海軍の空軍化を促進するために、日本海軍のエリートである山口を航空界に転じさせようとしていたことによる。

山本五十六

そして、英仏がドイツに大敗しているのを機に、大西は中国の重慶を無差別爆撃せよと、山口に対して強く主張した。しかし、国際派の山口は誰にも相談することなく、国際的信義を考慮してこの大西の進言・主張を退け、無差別爆撃を実行に移さなかった。しかし、結果的に重慶は無差別攻撃されたのだった。

昭和一五（一九四〇）年一一月、山口は、連合艦隊の花形である空母「飛龍」と「蒼龍」を旗艦とする第二航空戦隊司令官に選ばれた。司令官としての山口はたいへん厳しく、彼の課した夜間の空爆訓練の過激さから、「人殺し多聞」の異名をとるほどだった。

そして、翌昭和一六（一九四一）年には太平洋戦争へと突入することになるのだが、その緒戦であり、また日本帝国海軍最大の作戦でもあった真珠湾への奇襲攻撃において、山口指揮下の空母「飛龍」と「蒼龍」は航続力が小さいために、不参加が言い渡された。しかし、山口はそのことが自分の部下のモチベーションを著しく下げることを心配し、「これでは部下に会わす顔がない」といってこれに納得しなかった。

そこで、上官である機動部隊司令官の南雲忠一中将に対し、胸ぐらをつかまんばかりの形相で、第二航空戦隊の作戦参加を直談判した。山口には自信があった。「空母が少ないと、作戦に支障を来す」と考えていたのである。結局、「帰りは漂流して援助を待つから」とまでいい、ついに作戦への参加を実現させたのだった。こうして、両艦の燃料庫以外に、石油缶やドラム缶などを積み、航行に必要な重油を補うという涙ぐましい努力を行って、ようやく真珠湾攻撃に参加することができたのだ。

## 無視された進言

真珠湾攻撃は成功した。第一回目の攻撃によって日本軍は大きな戦果を挙げた。しかし、そのとき源田《げんだ》実《みのる》参謀は、直ちに草鹿龍之介参謀長と南雲中将に第二回目の攻撃を決行し、敵の水上兵力、航空兵力、陸上施設を徹底的に破壊するように進言した。山口もまた、「我、第二回攻撃隊の発進準備完了」と報告し、第二回攻撃決行を意見具申したのである。しかし、草鹿参謀長はこのような攻撃を下司《げす》の戦法であるとして採用せず、南雲中将も草鹿参謀長の進言を採用して、引き揚げることを決断したのだ。

この真珠湾攻撃以後、海軍はウェーキ、ジャワ、ポートダーウィン、そしてインド洋などにおいて、五ヶ月間にわたって計六回、作戦行動を展開した。これら一連の戦闘の中で、一度、海軍は索敵機の報告内容に変化があり、艦上で爆撃機の兵装を雷装（魚雷）から爆装（爆弾）へ、そして再び雷装へといった兵装転換をすでに経験していた。しかし、艦上爆撃機隊の活躍によって雷撃隊は出撃せずにすんだため、兵装転換には予想以上に時間がかかるという問題は顕在化せず、この兵装転換をめぐって批判的な議論がなされることはなかった。

しかし、山口だけは、これを問題視していた。そこで、彼はインド洋から帰還するとき、空母「飛龍」の甲板で兵装転換のテストを試み、少なくとも一時間半もかかることを確認した。そして、この結果を南雲中将に報告し、兵装転換が必要なときには、「時を移さず、即座に攻撃を」と進言したのである。しかし、結果的にミッドウェー海戦において、この助言は無視されてしまった。

また、山口はミッドウェー海戦の際に、太平洋戦争開戦以来の半年の戦闘経験から、従来の空母のみを集める編制方式はリスクが高いので、代わりに、現有の空母を二隻ずつに等分し、それぞれに適当な数の戦艦、巡洋艦、潜水艦を配置し、輪型陣を編成することを強く主張した。しかし、これもまた認められず、結果的にミッドウェー海戦では一挙に三空母も失うことになった。皮肉なことに、この方式は、後に米海軍によって採用されたのだった。

このような例はほかにもある。

連合艦隊は、真珠湾奇襲作戦以後、先に述べたようにウェーキ、ジャワ、ポートダーウイン、インド洋などでの作戦行動を終えた後、昭和一七（一九四二）年四月二二日に瀬戸内海に帰ってきた。このとき山口は、極度に疲労していた搭乗員に十分な休養を与えるため、陸上部隊の教官や新たに編制された搭乗員と交代させる必要があること、そして、船体や兵器、飛行機を整備する必要があることを強く連合艦隊司令部に申し出た。しかし、この意見も聞き入れられなかったのである。

　その理由として、連合艦隊司令部が、機動部隊の現状を十分に把握していなかったことが挙げられる。しかも、開戦以来、連戦連勝で各方面の作戦があまりにも順調に進んでいたため、六月五日にミッドウェー海戦で、先に述べたように山口は旗艦「飛龍」と運命をともにすることになる。戦死した後、彼は中将に昇進した。

　このミッドウェー作戦を実行することがすでに決定されていたからである。


　このように、彼の経歴と戦歴からすれば、やはりいわれてきたように、彼はもともと非常に頭脳明晰な人間だったのだろう。その大局的判断、そして将来に対する洞察力、複雑な情勢や戦況を簡明に整理できる能力、そして何が重要であるかを瞬時に分析する能力、山口多聞はこれらを兼ね備えた人物だったのだ。

　となると、私たちふつうの人間は、彼から学ぶべきことは何もないことになってしまう。もともと資質が異なるからだ。しかし、彼の行動を具体的に分析してみると、私たちにとっても参考にすべき事柄はいくつも見えてくる。

　ただ、これについては、後に述べることにして、次に海軍におけるもう一つの歴史的命令違反として注目されている、レイテ海戦における栗田健男の命令違反についてレビューしてみたい。

# 第8章　レイテ海戦での栗田健男の悪い命令違反

## （1）栗田健男

戦後、太平洋戦争をめぐる情報が徐々に開示されるにつれ、これまでなされていた評価が大きく変わっていった人物が何人かいる。その典型的な人物の一人が、栗田健男中将である。

栗田はやせて小柄で無口ではあったが、実行派の武人だった。彼は軍政にはほとんど関心を持たず、ひたすら軍人として海上生活を送った。

愚直な彼は、戦時中、海軍を代表する指揮官だった。海軍の要職をみごとに歴任し、その職を全うした。彼の軍人としての人生は実に充実しており、輝かしいものであった。

しかし、戦後になって、事実上、日本海軍最後の戦いともいえる昭和一九（一九四四）

栗田健男

年一〇月のレイテ海戦における彼の奇妙な行動が明らかになると、軍人としての彼の評価は一変した。

この海戦で、小澤艦隊は何のために「おとり」になって戦ったのか。何のために多くの若者たちが特攻隊員として、その身を犠牲にしたのか。すべて栗田艦隊をレイテ湾に送り込むためではなかったのか。それでも、栗田艦隊はレイテ湾に突入しなかった。それはなぜなのか。

レイテ海戦で栗田健男のとった行動は、後世の歴史家や軍事史研究家にはほとんど理解されていない。また、栗田自身、戦後はほとんど黙して語らずの姿勢を貫いたため、その行動はいまなお「謎の反転」というフレーズで語られ、軍事史上の謎となっている。そこでここからは、彼の軍人としての評価を一変させた、このレイテ海戦での彼の命令違反行動に注目してみたい。

## （2）レイテ海戦

### 捷一号作戦

太平洋戦争後期の昭和一九年六月に展開された「マリアナ沖海戦」で、海軍は、米軍から後に「マリアナの七面鳥撃ち」といわれたように航空機のほとんどを失っていた。

戦況が悪化の一途をたどる中、米軍の侵攻に対して何もしないまま自滅するくらいなら、たとえ戦艦「武蔵」および戦艦「大和」以下残存する主力艦隊が全滅することになっても、敵の上陸地点であるフィリピンのレイテ湾に突入した方がいい。そしてこのような玉砕作戦しか、もはや残された道はない――海軍はそんな、きわめて悲壮な心境に追い込まれていた。

こうして、「マリアナ沖海戦」から四ヶ月後の一〇月一八日、大本営から連合艦隊司令長官豊田《とよだ》副武《そえむ》大将に、「捷号《しょうごう》作戦実施の方面を比島（フィリピン）方面とす」という命令が下された（「捷」は「勝つ」という意味）。

これを受けて、豊田大将は横浜・日吉の連合艦隊司令部から、栗田健男中将率いる第一遊撃部隊のレイテ湾突入を一〇月二五日の黎明《れいめい》時と決定し、「まず所在海上兵力を撃滅し、次いで敵攻略部隊を殲滅すべし」と栗田司令官に命令した。「捷号作戦」には一号から四号まであり、フィリピン方面で展開する作戦が一号だった。この「捷一号作戦」の発動によって、陸海軍の航空部隊が結集し、米軍上陸部隊に決定的な攻撃を加えようとしたのである。

一〇月二〇日には、マッカーサー大将率いる米軍が、レイテ島への上陸を開始した。このとき、レイテ湾は数万発の爆弾を抱えた艦船、そして上陸兵一五万人、兵站兵を加えれば、三〇万人の米軍兵士で満ちていた。戦艦「大和」と「武蔵」が突入し、海軍が誇る大砲を放てば、あたりは火炎地獄となり、大勝利を勝ち取れる可能性は十分あったのだ。

「捷一号作戦」に参加する部隊の編制は、以下のように配置された。

（作戦一）

戦艦「武蔵」と戦艦「大和」を率いる栗田健男中将指揮の第一遊撃部隊は、リンガ湾から出撃し、北方のサンベルナルジノ海峡を通過し、レイテ湾の敵上陸地点に突入する。

（作戦二）

栗田艦隊の別動隊である西村《にしむら》祥《しょう》治《じ》中将率いる旧式戦艦と巡洋艦部隊は、台湾から出撃する巡洋艦部隊の志《し》摩《ま》清英《きよひで》中将指揮の第二遊撃部隊とともに、南方からレイテ湾の敵上陸

図表8-1　捷号作戦の連合艦隊編制図

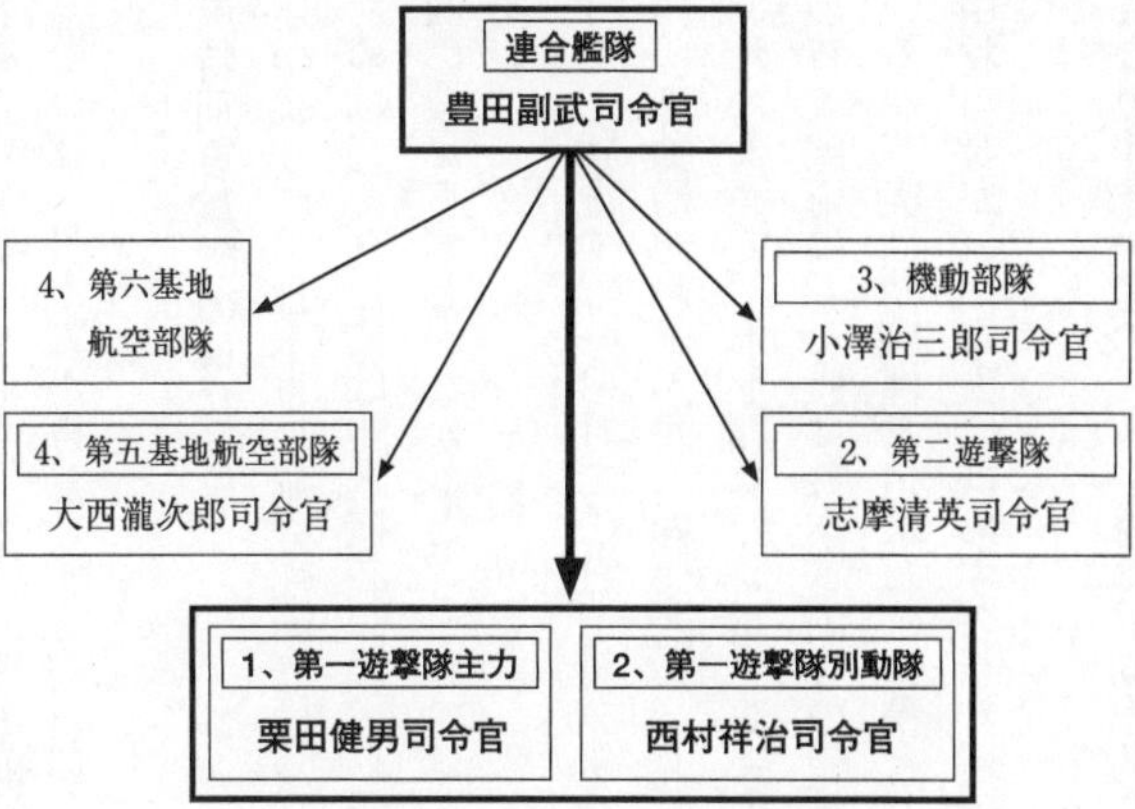


地点に突入する。

(作戦三)

以上の突撃を助けるために、正規の空母四隻と改装の空母二隻からなる小澤治三郎中将指揮の機動部隊本体は本土から出撃し、ルソン島東方海上に進出して、栗田中将の第一遊撃部隊の突入に呼応し、「おとり」となって敵機動部隊を北方に誘い出す。

(作戦四)

航空部隊は、それに先だって敵空母群を攻撃し、レイテ湾に突入する栗田艦隊に対する敵の航空攻撃をできるかぎり阻止する。

これを見ると分かる通り、連合艦隊の作戦は、残された主力艦隊による北と南の二方面からの「殴り込み」作戦と、そのために小澤艦隊の全滅をかけた、まさに芸術的ともいえる悲しき「おとり」作戦であった。そして、それは、日本人が得意とする、みごとなまでの集団主義の具現化でもあった。

## 神風特別攻撃隊のはじまり

前述のように、日本軍の航空部隊は壊滅的な状態にあったため、「捷一号作戦」に参加できたのは、一九日には陸軍機二〇機、二〇日には海軍機五機と陸軍機一四機の、合わせても四〇機足らずしかなかった。これでは、レイテ湾に突入しようにも、散発的な攻撃しかできない。

こうした状況で、一〇月二〇日、第一航空隊に着任した大西瀧治郎中将は、航空総攻撃を前に、可動機がわずか四〇機であることを考慮して、「神風特別攻撃隊」の編制を命じた。これによって、水上部隊のレイテ湾突入に応えようとしたのである。

この特攻戦術は、一般に日本軍固有の精神主義にもとづいて生み出されたものとみなされているが、実は効率性を追求した結果として生まれたものだった。実際、発案者である大西中将自身が、旧軍人にはめずらしく、効率性の原則に従って行動する人物だったのである。

そんな効率主義者の大西中将は、効率的に戦うためなら、相手の地位が自分と同じであ

図表8-2　捷号作戦

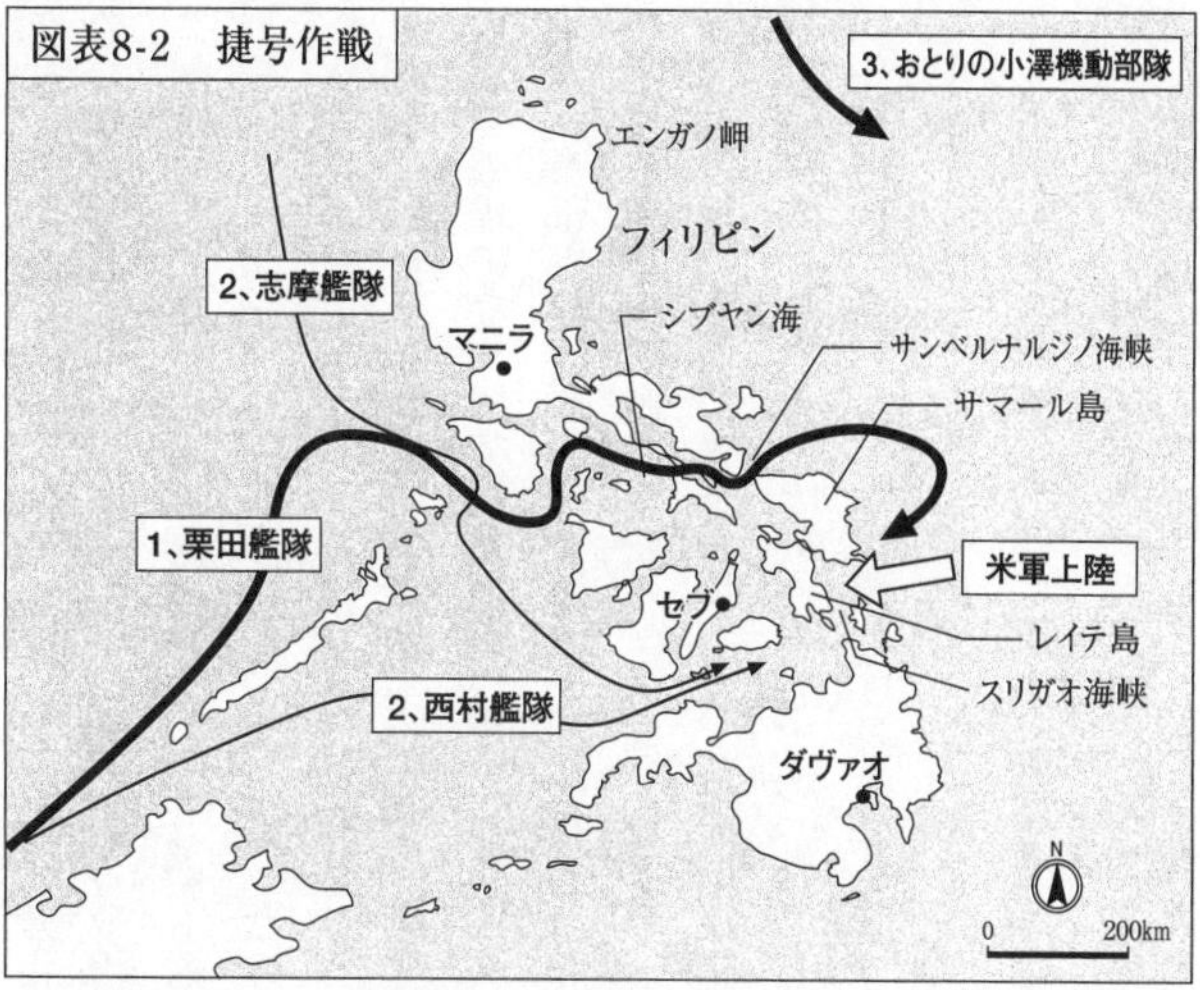


ってても、相手の下で進んで汗を流すことを厭わなかった。たとえば、昭和一五（一九四〇）年一月、海軍兵学校で同期の山口多聞が、大西中将と同じ第一連合航空隊司令官に着任してきた際のこと、大西は航空畑の生え抜きであったが、中国戦線においてスクラムを組むため、水雷戦術出身の山口の参謀役に徹したのである。

また、昭和一八（一九四三）年一一月、軍需省航空兵器総局の総務局長に就任した大西中将に対して、陸軍が航空機の知識のまったくない遠藤三郎中将にそのポストを譲るよう求めてきたことがあった。航空兵器総局は、陸海軍が別々に発注していた航空機とその関連部品を効率的に扱い、奪い合いをなくすために新設された陸海合同機関である。陸軍がポストの譲渡を求めてきた背景には、陸海軍の間に横たわる政治的なバランスをとるという意味合いがあった。大西と遠藤はともに階級は同じ、しかも遠藤は大西より年下だったが、結局、大西は局長ポストを譲った。名を捨てて実をとったのである。

大西中将は、数が少なく技量も低いパイロットが成果をあげるためには、「統帥《とうすい》の外道《げどう》」であることを十分自覚しつつも、捨て身の特攻以外にないと考えた。ただし、これは、大西がその場になって突然思いついたものでは決してなく、フィリピンに着任する以前から、海軍軍令部と連合艦隊司令部との間で打ち合わせをしていたといわれている。

当時の航空機の戦闘方法は、海面すれすれ一〇メートルの超低空から、目標とする敵艦の至近距離の海面に爆弾を投下し、海面の反発力によって、敵艦の最も弱い部分である側面に爆弾を命中させるというものであった。しかし、パイロットが若く未熟なために、訓練中に海面に激突して命を落とすことがあまりにも多かった。そのため、どうせ死ぬなら、はじめから爆弾を抱えて敵艦に体当たりして死んだ方がより効率的だという空気が生まれていた。実際、零戦に二五〇キロ爆弾を装着して敵空母の飛行甲板に体当たりすれば、少なくとも一週間は空母としての機能を失う。こういったアイデアに、大西中将はとりつかれていたのだ。

このアイデアのもとに、最初の特攻隊指揮官として選ばれたのが、海軍兵学校出身の関《せき》行男《ゆきお》大尉であった。新婚五ヶ月だった関は、この話を持ちかけられたとき、さすがに「一晩考えさせてください」と一瞬ためらった。しかし、最終的には、「私にやらせてください」と言い切ったと伝えられている。

## 〝特攻の父〟の自決

「日本は、まさに危機にある。この危機を救いうるのは、大臣でも大将でも軍令部総長でもない。それは若い君たちのような純真で気力に満ちた人たちである」と、特攻隊員たちに向けて大西中将は訓示した。

そんな効率至上主義者の大西も、終戦を目前に控えた頃になると、あたら若い命を散らしていった特攻隊員たちに対する慙愧《ざんき》の念に駆られ、徹底抗戦するとか、天皇自ら特攻機に乗って突っ込むべきだ、とまで口にするようになった。そして、終戦の翌日、「特攻の英霊に曰す、善く戦ひたり、深謝す。最後の勝利を信じつつ肉弾として散華せり。然れどもその信念はついに達成し得ざるに到れり。吾、死をもって旧部下の英霊とその遺族に謝せんとす」との遺書を残して自決したのだった。

## 一回目の反転

さて、栗田健男中将率いる栗田艦隊は、重巡「愛宕《あたご》」を旗艦とし、「大和」や「武蔵」などの戦艦五、重巡一〇、軽巡二、駆逐艦一五の計三二隻で一〇月二二日にブルネイ湾を出撃した。このとき、同月一二日から一六日にかけて戦われた台湾沖航空戦で大きな被害を受けた海軍の航空隊に、栗田艦隊を護衛する航空機はまったくなかった。

翌二三日未明、丸裸の栗田艦隊はパラワン島沖を航行中に、哨戒中の米潜水艦「ダーター」と「デイス」に発見され、いとも簡単に攻撃されてしまう。その結果、「愛宕」と「摩耶《まや》」が撃沈、そして、「高雄」も攻撃されて戦闘能力を失い、ブルネイに引き返すことになった。旗艦である「愛宕」が沈没したため、将旗は戦艦「大和」に移されることになったのである。

その後、栗田艦隊は予定通り、フィリピンの内海シブヤン海に進入した。しかし、二四日午前八時過ぎ、W・ハルゼー大将率いる米国第三八機動部隊の艦載機二五〇機に発見され、空襲を受けた。

このときは、とくに、戦艦「武蔵」が狙い撃ちされた。「武蔵」には、高角砲や二五ミリ機銃など一五〇門が対空砲火の武器として備えてあり、それをもって米軍の攻撃に対し

戦艦「武蔵」

て一五万発を放ち応戦したが、撃墜した米軍機はわずか一八機にすぎなかった。結局、五回にわたり一九本の魚雷と一七発の爆弾を受けて、「武蔵」は沈没した。連合艦隊司令長官・山本五十六の遺骨を内地に送り届け、横須賀沖で昭和天皇の行幸を拝した戦艦が、艦内の電灯をつけたまま海中に沈んでいったのである。これが「シブヤン海海戦」である。

また、この戦闘では、「大和」に敵の爆弾が命中し、前部に三〇〇〇トンの水が浸水したが、後部に三〇〇〇トンの海水を引き入れてバランスを保ち、何ごともなかったかのように航行を続けた。

しかし、他の戦艦も同様に被害を受けたため、栗田は一時的に敵機の空襲圏外へと退避することを決定、午後三時三〇分、栗田中将は艦隊を反転させ、レイテに背を向けた。この反転を、米国ハルゼー将軍も、連合艦隊司令部も、「栗田艦隊退去」と判断したのだった。

連合艦隊司令官豊田副武大将は、午後六時一三分、栗田艦隊に「天佑ヲ確信シ全員突撃セヨ」と電命した。さらに、連合艦隊参謀長草鹿龍之介も、各部隊の行動は順調に進んでいるため、栗田艦隊の行動は全作戦を崩壊させる恐れがあるという旨の電報を発信した。

その頃、栗田艦隊への米戦闘機による攻撃はぴたりとやんでいた。これは、米軍の偵察機が、日本本土からやってきた小澤中将率いる「おとり」の空母艦隊を発見したため、ハルゼー率いる米空母機動部隊が、そちらの攻撃を先決にしたからである。

ハルゼーは、栗田艦隊がなおレイテ湾に向かうのであれば、第三四任務部隊をサンベルナルジノ海峡に配置して、栗田艦隊を迎撃させるつもりであると米国ハワイ司令部に伝えていた。しかし、栗田艦隊の反転を確認したハルゼーは、その反転を、実際にはそれほどの損害ではなかったが、作戦不能なほど損害を与えたためと判断し、今度は小澤機動部隊攻撃のため、第三四任務部隊を率いて北上した。こうしてハルゼーは、図らずも、レイテ湾に至る花道を栗田艦隊に開放してしまったのである。

こうした状況で、豊田大将および草鹿参謀長からの電報（午後六時一三分）を受け取る前に、栗田中将は再び反転命令（午後五時一四分）を出し、レイテ湾に向かって進撃を開始した。そして、翌二五日午前〇時三五分には、敵に待ち伏せされることなくサンベルナルジノ海峡を無事通過、サルマール島に沿って南下し、レイテ湾に向かいはじめたのである。

しかし、その数時間後の午前八時頃、「おとり」となった小澤艦隊が、マニラ北東四〇〇カイリの海上で、ハルゼー率いる米機動部隊の戦闘機による猛烈な空襲を受けはじめていた。これに対して、小澤艦隊も米空母の所在を発見するや、直ちに航空攻撃隊を発進させて、これに応戦した。

だが、小澤艦隊の航空攻撃隊の搭乗員はほとんどが未熟だった。空母から発艦はできるものの、着艦はできないというレベルだったのだ。そのため、小澤中将は彼らに、攻撃が終わっても空母には戻らず、マニラのクラーク基地に着陸せよとの指示を出すほどだった。

結局この攻撃隊は、半数近くが米空母群の上空に達する前に撃墜されてしまった。それでも、残りの戦闘機は四隻の米空母を爆撃し、そのうちの二隻に爆弾を命中させた。しかし、母艦に戻った飛行機は一機もなかった。

小澤艦隊は、午後三時までに前後六回の空襲を受け、旗艦空母「瑞鶴《ずいかく》」は沈没した。小澤中将はそれでもなお将旗を軽巡洋艦「大淀《おおよど》」に移し、その後も自らの死をかけて「おとり」として敵を徹底的に引きつけた。彼は、この時間を利用して、栗田艦隊がサンベルナルジノ海峡を突破してくれればよいと思っていた。後にこの戦いは、ルソン島北端にある岬の名をとって「エンガノ岬沖海戦」と命名されている。

## 敵と差し違えた西村艦隊

一方、栗田艦隊とは別のルートからレイテ湾に向かっていたのが西村祥治中将率いる西村艦隊である。西村艦隊は、栗田艦隊とほぼ同時にレイテ湾に突入する予定であったが、栗田艦隊が一時反転したことにより、突入は予定より完全に遅れた。

艦齢三〇年を超える老朽《ろうきゅう》戦艦「山城」と「扶桑《ふそう》」を主力とする西村艦隊は、威容を誇る栗田艦隊とは比較にならないほど弱体の艦隊であった。「山城」も「扶桑」も、それまでは、瀬戸内海で訓練用として使われていた戦艦で、レイテ海戦への参加が決定した後、急遽航空機銃が増強されたのだった。

栗田艦隊とのレイテ湾同時突撃という計画が崩れたため、西村中将は夜戦を企図し、単独でのレイテ湾突入を決断した。そして、西村中将はスリガオ海峡を通ってレイテ湾に突入しようとする。しかし、スリガオ海峡には、レイテ島に上陸するマッカーサー軍を護衛するキンケイド中将指揮の第七艦隊が配置されていた。

このキンケイド艦隊に待ち伏せされた西村艦隊は、煙幕の中からのレーダー射撃と、島陰からの魚雷艇の攻撃を雨霰《あめあられ》のように受け、ほとんど応戦できないまま、二五日午前三時五〇分頃に全滅した。西村艦隊の惨状を見た後続の志摩艦隊は、スリガオ海峡に突入することなく、午前四時三〇分に反転し、退却した。これが、「スリガオ海峡海戦」である。

通常どんな戦闘においても、戦果を見届ける要員がいる。しかし、西村の最期を見届けた者はいない。なぜなら、西村艦隊は文字通りに全滅したからである。海面に漂っていた生存者も米軍の救助を拒否して自決した。

開戦当初の昭和一六（一九四一）年一二月二三日、西村中将は一人息子の禎治を、比島攻略作戦で喪《うしな》っていた。父子が同じフィリピンで命を落としたのは、まさに宿命であった。

小澤治三郎

戦後、黙して一切を語らなかった〝サイレント・ネイビー〟小澤治三郎が、最も信頼できる部下に、「レイテ海戦で、本当に、本当に真剣に戦ったのは、西村君ひとりだけだった」と語ったといわれている。

しかし、西村艦隊の全滅は無駄ではなかった。敵ときっちり差し違えていたのだ。すなわち、この西村艦隊との交戦によって、キンケイド艦隊の砲弾は極端に不足し、レイテ湾に突入してくる栗田艦隊を迎撃できないという危機的状態に陥ることになったのである。

## 二回目の反転

一方、レイテ湾突入を目指して進撃していた栗田艦隊は、二五日午前六時四五分、東南方の地平線に敵艦隊のマスト四本を発見する。それは、戦闘機がすべて発艦して空になった、C・スプレイグ少将率いる米軍の護衛空母部隊だった。

敵艦との距離は三七キロ、スコールを伴う暗雲で視界は悪かったが、空母六隻と駆逐艦七隻の艦隊が敵の主力機動部隊と捉えることはできた。大いに勝算があると考えた栗田中将は、直ちにその方向に発進し、午前六時五九分、戦艦「大和」の主砲の一斉射撃によって海戦が開始された。この戦いは海戦史上でも珍しい戦艦対空母の戦いで、今日、「サマール沖海戦」と呼ばれている。

戦いは二時間にもおよんだ。重巡「利根」は敵との距離一〇キロまで接近したが、燃料不足とレイテ湾突入作戦を考えて、栗田中将は追撃を断念した。これで命拾いしたのは、スプレイグである。当時、伝説的となっていた世界最大の巨艦「大和」を初めて目の当たりにしたスプレイグは、大和の砲撃によって自らの最期を覚悟していたのだ。

この戦いで、米軍は空母「ガンビア・ベイ」一隻が沈没し、空母三隻と駆逐艦一隻が中

図表8-3　レイテ海戦の地図

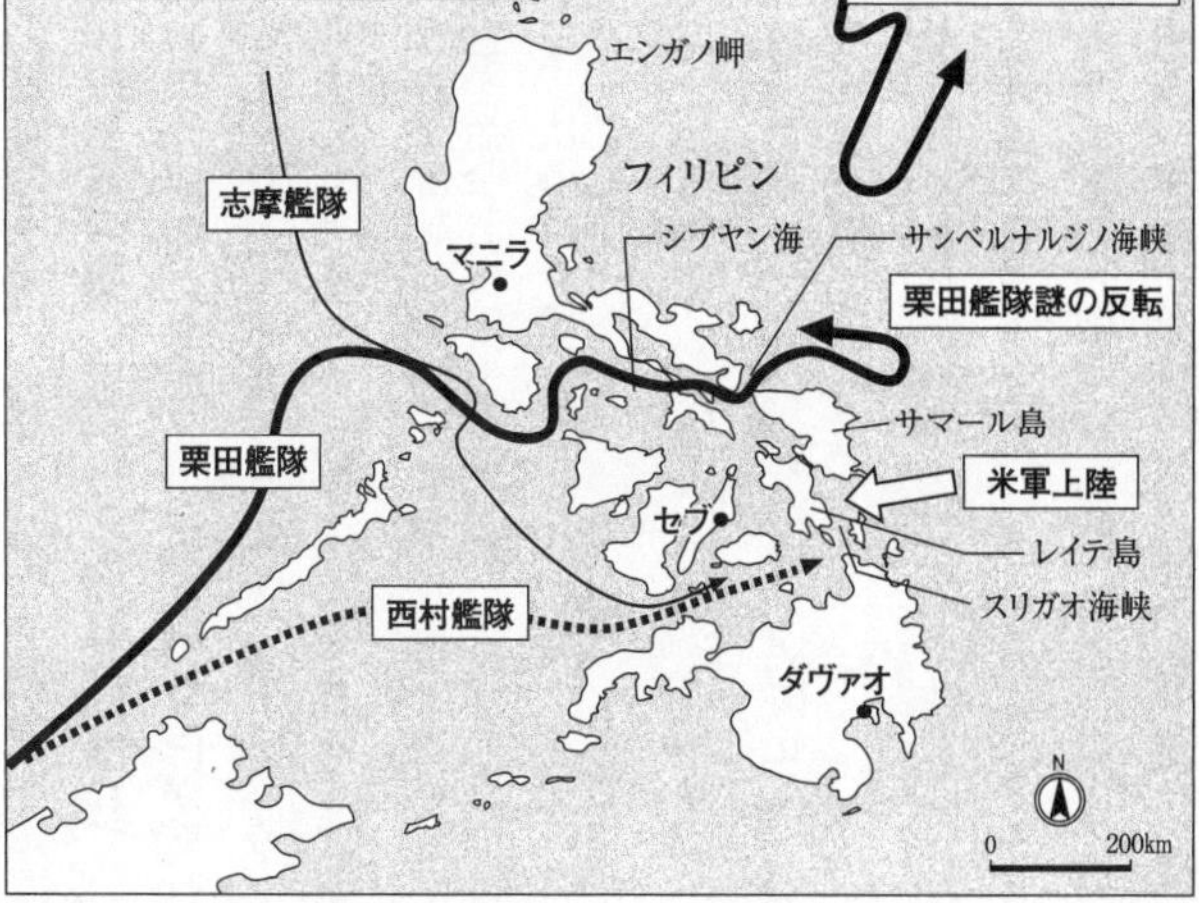


破された。このとき、ハワイの太平洋艦隊長官ニミッツは、スプレイグ部隊を守るために、必死になって米国第三八機動隊を率いるハルゼー大将に救援を要請した。その際に、「ハルゼーが編制した第三四任務部隊はどこか、世界は知らんと欲す」と打電したことから、ハルゼーは完全に面目を失くした。先に述べたように、ハルゼーは、第三四部隊を待ち伏せ隊として配置していなかったからである。

「サマール沖海戦」の途中で方向転換をした栗田中将は、午前九時一〇分に指揮下の艦隊に集合命令を下し、午前一〇時半に再び輪型陣をとってレイテ湾を目指して南下しはじめた。この時点で栗田艦隊は、戦艦四、重巡二、駆逐艦八隻となり、出撃時の半分になっていた。

ちょうどその頃、いまだ証拠が発見されていないが、電報が入り、栗田艦隊の北方一〇〇キロの地点に、敵の正規主力機動部隊が航行中であることを知ったといわれている。ここで、栗田中将が何を考えたのかはわからない。「レイテ湾に敵上陸部隊はいない」「このまま北方に転進すれば、敵主力機動部隊を攻撃できる」と考えたのかもしれない。いずれにせよ、午後〇時二六分、栗田中将はレイテ湾突入作戦を独断放棄し、反転して北へ向かうことを命令したのである。そして、一〇分後の午後〇時三六分には、連合艦隊司令部に対して、次のように打電した。

> 第一遊撃隊はレイテ泊地突入を止め、サマール東岸を北上し、敵機動部隊を求め決戦、爾後サンベルナルジノ水道を突破せんとす。

あと一時間もレイテ湾に向かって進んでいれば、栗田艦隊は戦艦「大和」の主砲が届くという地点にまで達していたのである。そうなれば、これまで働き場がなかった日本海軍の誇る軍艦も、相応しい「死に場所」を得ていたはずだった。

しかし、栗田中将は幕僚《ばくりょう》の誰とも相談することなく、「突入中止、反転して北へ向かう」

戦艦「大和」

との命令を下したのだった。まさしく「謎の反転」である。このとき、戦艦「大和」の艦橋にいた幕僚から、「長官、逃げるのですか」「航海長血迷うな、レイテはあっちだ」との驚きの声が挙がった。

　栗田艦隊の多くの兵士たちは、この反転を、レイテ湾に突入する前に、敵機動部隊をつぶしておくためだと思ったという。しかし、栗田艦隊は、結局、敵の機動部隊と差し違えることなく、そのまま出撃基地であるブルネイ湾に引き返してしまった。これが、栗田中将の歴史的命令違反である。

　当時、マッカーサー司令部以下輸送船団八〇隻は、砲弾不足を危惧するキンケイド護衛艦隊のもと、無防備な状態でレイテ湾を揚陸中であった。もし栗田艦隊が当初の命令通り、レイテ湾に突入していれば、日本軍の作戦目的は達成されていた可能性が十分あった。

　実際そのお膳立ては十分整っていたのだ。おとりとなった小澤艦隊は、空母四隻を失ったのと引き換えに、ハルゼー率いる米空母部隊を北方におびき寄せるのに成功していた。また、フィリピンのマニラ北方クラーク基地から出撃した関行男大尉率いる最初の神風特攻隊「敷島隊」も、栗田艦隊をレイテ湾に突入させるために、栗田艦隊と一戦を交えたばかりの米護衛空母隊を発見し、七機が体当たりに成功していた。関大尉は急上昇してから急降下し、米空母「カリニン・ベイ」に直撃、甲板に穴を開け火災を発生させた。また、別の特攻機も米空母「セント・ロー」に直撃し、撃沈させた。

図表8-4　レイテ海戦の日米損害状況

| 日本海軍 | | 米国海軍 | |
|---|---|---|---|
| 戦　艦 | 3 | — | |
| 空　母 | 4 | 小空母 | 1 |
| — | | 護衛空母 | 2 |
| 重　巡 | 6 | — | |
| 軽　巡 | 3 | — | |
| 駆逐艦 | 8 | 駆逐艦 | 2 |
| — | | 護衛駆逐艦 | 1 |
| 潜水艦 | 6 | — | |

しかし、この絶好のタイミングに、あろうことか栗田艦隊は反転し、ブルネイ湾に引き揚げてしまったのだ（日米双方の損害状況は図表8－4）。

## 「神州は不滅なり」

昭和一九（一九四四）年一一月、栗田中将は戦艦「大和」に乗って、本土の広島県呉に帰ってきた。日本では、公式上、レイテ海戦の成果は高く評価されていた。そのため、昭和二〇（一九四五）年一月には、天皇、皇后、そして皇太后三陛下からねぎらいのお言葉を戴く栄誉にも浴した。さらに、木杯、陶製手釦《しゅこう》、そして金一封なども下賜されたのである。

その後、栗田は五五歳で第二艦隊司令長官のポストを去り、広島県江田島にある海軍兵学校の校長となった。彼は、まさに海軍の軍人としての人生を全うしたのだ。

昭和二〇年八月一五日、出張中であった栗田は、夕刻四時半に全生徒に向けて「神州は不滅なり」という校長訓示を監事長に代読させた。彼の海軍人生は、このときまで実に充実したものだったにちがいない。

## （3）栗田健男をめぐる一般的評価

### 「愚将」「無能」のレッテル

しかし、戦後になって、戦争をめぐる情報が開示されはじめると、栗田建男に対する批判の声が急速に高まった。その際に焦点になったのは、レイテ突入作戦は海軍最後の艦隊出撃だったのに、なぜ栗田はレイテ湾に突入しなかったのか、なぜ勝利を目の前にして、わざわざ引き返したのか、というものだった。

そして、その結果、栗田には「臆病者」「愚将」「無能指揮官」のレッテルが貼られることになった。戦後、将軍や提督の地位にあった人々の多くには、旧軍関係の実業家から援助の手がさしのべられたが、栗田は誰からも声がかからなかった。栗田自身も訪れる客とは一切会うことなく、沈黙を守り続けた。

米国戦略爆撃調査団の質問に対して、栗田は狭い湾内では艦隊の動きが窮屈で十分な戦果が得られない。そのため、外海で強力な艦隊と戦う方がよいと思ったと答えている。そして、反転命令については、「三日三晩寝なかったために、疲労の極み、判断を誤った」と述懐している。「そのときは最善と信じたが、今では自分が悪いと思う。命令を守らなかったのは軍人として悪かった」「南雲みたいに死んでいればね。こりゃせいせいした気持ちですよ」とも語ったという。

終戦から三十余年後の昭和五二（一九七七）年、栗田は老衰のため神戸で死去した。

### ひとり敵とは反対方向に進路をとる

戦後、レイテでの栗田の命令違反行動をめぐっては、さまざまな憶測が飛びかった。その中でよくいわれたのが、彼にはもともと逃げの思想、逃げる癖があったのではないかというものだった。「あらぬ方向へ走る癖」「所要のことを連絡しない癖」があることは、戦時中にもいわれていた。たしかに、以下に挙げるような彼の経歴と戦歴を見れば、そう思われても仕方のないところがある。

栗田健男は、明治二二（一八八九）年に水戸藩の漢学者の息子として生まれた。海軍兵学校の同級生には、第一次ソロモン海戦の第八艦隊司令長官三川軍一《みかわぐんいち》やアッツ島海戦の第五艦隊司令長官河瀬四郎等といった優秀な軍人がいた。彼らよりも成績が芳しくなかった栗田は、一四九名のうち二八番で、海軍大学校も不合格だった。

しかし、昭和七（一九三二）年に彼は大佐となり、その後も第一二駆逐隊司令官、「阿武隈」艦長、そして「金剛」艦長を歴任し、徐々に出世していった。さらに、昭和一三（一九三八）年には少将となり、日華事変中には第一および第四水雷隊司令官も務めた。

このように、昭和一〇（一九三五）年に横須賀田浦の水雷学校の教頭を務めた以外は、栗田は海軍生活のほとんどを海上で過ごした。まさしく、彼は海の人で、武骨な不言実行を信条とする荒武者のように見なされていたのである。

そして、栗田が五二歳のとき、太平洋戦争がはじまった。当時、彼は南方作戦を援護する第二艦隊の中の要職である第七戦隊司令官を務めていた。第七戦隊は、旗艦である重巡「熊野」をはじめ「鈴谷《すずや》」「最上《もがみ》」「三隈《みくま》」の四隻から構成されており、当時、これらは海軍で最も高速の船だった。彼は、これらの軍艦を率いて、昭和一七（一九四二）年二月にインドネシアのバタビア沖開戦に臨んでいる。

しかし、このとき、敵艦隊発見の知らせがあったにもかかわらず、栗田はそこに向かおうとはせず、ひとり敵とは反対方向に進路をとった。そして、本隊指揮官から「貴隊ノ位置知ラサレ度《たし》」との連絡を受けたが回答することなく、その後、本隊に合流したものの、栗田は「追撃ヲ止ム」と一方的に通知し、やむなく本隊も追撃を断念したのである。

翌日、再び敵艦隊が発見され、本隊と合同してこれを攻撃、米軍重巡「ヒューストン」と豪軍軽巡「パース」を撃沈した。しかし、この戦いに参加していたのは、実は栗田の第七戦隊ではなく、第八戦隊の一部で、栗田自身の第七戦隊は砲煙弾雨の外で傍観していたのだ。つまり、彼は海戦に踏みこもうとしなかったのである。

## 「逃げの栗田」

また、昭和一七年六月のミッドウェー海戦でも、栗田は問題を残した。

日本軍の空母が全滅した後、栗田艦隊は米飛行場を砲撃するためにミッドウェー島に向けて高速で飛ばし、目標地点の九〇カイリまでにせまった。しかし、米軍の潜水艦のペリスコープを発見した三番艦「三隈」が、その攻撃を避けようと転舵した際、四番艦である

「最上」と衝突して、「最上」の艦首が折れてしまった。このとき、砲撃中止命令とともに、栗田は「三隈」を「最上」の護衛に残し、自らは「熊野」と「鈴谷」の二隻を率いて、さっさと退却してしまったのだ。

その後、「三隈」は米空母「エンタープライズ」の戦闘機によって撃沈されてしまった。栗田の行動は、ミッドウェー海戦で大敗した海軍に、追い討ちをかけるようなものだった。

それでも栗田は失脚することなく、昭和一八（一九四三）年八月には第二艦隊司令官に抜擢されたのである。

この年の一一月、米海兵隊が南太平洋のソロモン諸島ブーゲンビル島に上陸し、陸軍との間に地上戦がはじまった。浜辺に居並ぶ米輸送船を攻撃するために、栗田はトラック島から第二艦隊を引き連れて南下、ラバウルに一時入ってブーゲンビル島へと向かった。しかし、ラバウルで米軍機によって攻撃されたため、栗田はここでもすぐに艦隊を引き連れてトラック島に逃げ帰ってしまった。このとき以来、部内では「逃げの栗田」といわれるようになったのである。

さらに、昭和一九（一九四四）年六月の「マリアナ沖海戦」でも、栗田の退却はある意味〝見事〟なものだった。小澤治三郎中将による退却命令により、艦隊の前方に位置していた栗田率いる重巡「愛宕」や戦艦「大和」は、護衛すべき給油艦（タンカー）を放ったらかしにして急いで退却した。その結果、逃げ遅れたタンカーは米軍機に攻撃され、七隻のうち二隻が撃沈、一隻が損傷したのである。

このように栗田の戦歴をたどってみると、彼の行動には一貫した癖があるように思える。つまり、逃げ癖である。実際、レイテ海戦における「謎の反転」も、これが出たものではないかといわれることが多い。

こうして見ると、栗田は、戦後いわれたように「臆病者」「愚将」「戦意なき指揮官」「無責任な指揮官」だったように思える。しかし、彼は本当にもともと勇気と判断力、そして責任感の乏しい単なる愚将だったのだろうか。

# 第9章　良い命令違反と悪い命令違反Ⅱ

これまで説明してきたように、日本海軍史上に残る二つの歴史的命令違反のうち、ミッドウェー戦における山口多聞の命令違反は高く評価されているが、レイテ戦における栗田健男の命令違反は一般に評価されていない。

これら二人の命令違反行動は、どこが本質的に異なっているのか。なぜ山口多聞の命令違反は、〈タイプⅡ〉の不条理、すなわち、私的個別性と社会的全体性の不一致が生み出す不条理を回避でき、栗田健男の命令違反は、〈タイプⅡ〉の不条理に陥ったのか。以下、「法と経済学」という比較的新しいアプローチを用いて、〈タイプⅡ〉の不条理を回避するための行動原理を明らかにしてみたい。

## （1）契約をめぐる法と経済学アプローチ

### 法律の分野に経済理論を適用

「法と経済学」という分野は、一九九一年にノーベル経済学賞を受賞したR・コース（Coase,1960）やカラブレイジ（Calabresi,1970）、ポズナー（Posner,1973）などの経済学と法律学の両分野に明るい研究者たちによって、一九六〇年代から七〇年代にかけて米国で開発され、近年、急速に普及してきている研究分野である。今日、米国の主要なロースクールのほとんどで、「法と経済学」や「法の経済分析」という名の講義が展開されている。

これまでも、独占禁止法や税法などの法律の分野で経済学の知識が必要とされ、その理論が利用されてきた。しかし、それはあくまで例外的であって、基本的に経済学と法律学はほとんど無関係であった。経済学は効率性を追求する学問であり、他方で法律学は正義を実現する学問であると考えられており、しかも、効率性と正義は必ずしも一致しないので、両者が並存するとは考えられていなかったのだ。

しかし、両者が並存できる、すなわち法律の分野に経済理論を適用できることを明らかにしたのが、「法と経済学」のアプローチである。とくに、これまで正義の実現を理想として展開されてきたと思われる不法行為法や契約法などの伝統的な法律分野に、経済学の理論を適用した点に、「法と経済学」の画期的な側面がある。

以下、山口多聞と栗田健男の歴史的命令違反行動の分析にとって有用な、契約をめぐる「法と経済学」アプローチの基本的考え方を紹介してみたい。

## 契約を破る自由

一般に契約を守らなければならないことは誰でも知っている。契約を破ることは正義に反する行為であり、契約を守ることこそが道徳的に正しい、絶対的な規律と思われている。事実、歴史的には、家族や身体を抵当にして借金し、契約を守れなかった債務者とその家族が借金の代わりに働かされるという債務奴隷にされた時代もあった。そして、今の日本でも、債務不履行の責任をとって自殺する経営者は多くいる。

しかし、法的に考えれば、「契約を守らなければならない」という命題は、それほど絶対的なものではない。

たとえば、Ａさんがある商品をＢさんに売る契約を結んだにもかかわらず、その後ＡさんがこれをＡ破って第三者Ｃさんにその商品を売ってしまったとしよう。この場合、Ａさんは不誠実で不道徳な行動をしたために厳しい刑罰を科せられることはない。Ｂさんに損害を賠償すればよいのである。

このように、民法では契約を守らせることを必ずしも絶対的なこととは考えていない。たとえ契約を破っても、刑罰を科せられることはないのである。原則的に、損害賠償さえすれば、契約を破ることが許されていて、しかも、相手が被った損失のすべてを賠償する必要すらなく、強制履行もそれが可能な場合だけに限られているのだ。

したがって、法律の世界では、もし損害賠償を行うことができるならば、契約は破ってもよいことになる。法律上、「契約を破る自由」がわれわれに認められているのだ。

## 損害賠償制度――取引コストを節約する法制度

なぜ、損害賠償さえすれば、契約を破ってもよいのか。「法と経済学」アプローチによると、契約を破ることが経済学的に効率的な場合があるからである。

一般に、すべての人間は契約上起こりうるすべての状況を完全に明示できるほど完全合理的ではない。他方、契約上起こりうる状況をまったく明示できないほど完全に非合理でもない。何よりも、人間は限定合理的であり、ある程度、契約上起こりうる条件を明示することができる。それゆえ、限定合理的な人間世界では、契約は常に不完備なものとなるのである。

取引の場において、このような不完備契約を、常に絶対的なものとして守らせるようにすると、場合によっては非効率な資源配分が発生し、いずれか一方が損をする可能性が十分ある。このような取引状況では、何が後に起こるかわからないので、互いに損をしないように、まったく無駄な駆け引きが行われてしまう。そこでは、高い取引コストが発生するのだ。

　この取引コストがあまりに高い場合、本来なら取引した方が互いにメリットがあり、資源の効率的な利用と配分がなされるにもかかわらず、取引されないことがある。それゆえ、取引コストを節約し、自由な市場取引を通して効率的に資源を利用・配分するためにも、状況によっては不完備契約を破る自由、これを認める必要があるのだ。

　たとえば、小売業者Ｘと商品の独占販売契約を結んでいる製造業者Ｙが、同じ製品をその契約の価格よりも高い価格での購入を希望する別の小売業者Ｚが現れたので、小売業者Ｘとの契約を破って小売業者Ｚに売ったとしよう。この場合、製造業者Ｙは、本来の契約者である小売業者Ｘに損害賠償を支払ったとしても、それでも小売業者Ｚに売った方がより多くの利益があることを十分計算した上で契約を破ることが一般的である。

　なぜ、これが一般的なのだろうか。

　本来の契約者である小売業者Ｘは製造業者Ｙから損害賠償を受け取るので、Ｘの利得はプラス・マイナスゼロとなる。そして、製造業者Ｙは小売業者Ｘより高い価格で小売業者Ｚに販売できるので、より多くの利益を得る。また、製品を、より高く評価し、それゆえその製品をさらに有効利用でき、もっと高価な価格で販売できる方法を知っているために、より高い値段であっても買いたいと思っている小売業者Ｚに配分される。このように、契約違反によって、より有効に製品を利用できる人に製品が配分されるのだ。

以上のように、限定合理的な人間世界では、契約は常に不完備契約となる。それゆえ、不完備契約を絶対的なものとして強制的に守らせようとすると、取引コストは高くなり、そのために取引が起こりにくくなり、より必要としている人に財が配分されない。あるいは、たとえ取引されたとしても、逆に非効率な資源の配分と利用が発生する可能性があるのだ。

しかし、損害賠償制度のもとに、必要とあれば契約を破る自由を人間に与えておけば、取引コストは節約され、人間は自由に取引しようとする。つまり、損害賠償制度は、取引コストを節約する法制度であり、その法制度によって取引が活発になり、効率的な資源の配分が起こるのだ。

## （2）損害賠償責任制度の比較制度分析

このように、損害賠償を条件に契約違反の自由を認めておけば、取引コストが節約され、また、自由な取引が促進されて、常に効率的な資源配分が行われるかといえば、それほど話は単純ではない。損害賠償制度の内容しだいでは、非効率な契約違反を引き起こすこともありうるのだ。

### 二つの賠償責任制度

単純化していうと、賠償責任制度は基本的に以下のように二分される。一つは、AがBに対して契約違反をした場合、AはBの過去のみならず予見可能な将来の損害に対しても賠償責任を負うのかということ、もう一つは、AはBの過去の確定的な損害だけに限定して賠償責任を負うのかということである。

このうちの前者、すなわち予見可能な未来の損害をも含めて賠償責任を問う賠償責任制度は、「期待賠償責任制度」（the expectation remedy）と呼ばれる。それは、契約の履行によって将来得られると期待されていた同じ状態を賠償によって作り出すことで、もし契約が履行されていたならば、将来も含めて得ていただろうと予見されうる期待価値を賠償する責任制度である。

これに対して、後者、すなわち過去の確定した損失だけを賠償する賠償責任制度は「原状回復賠償責任制度」(the restitution remedy)と呼ばれる。それは、契約が履行されたことを前提として契約遂行者に与えた便益に相当する額を回復させることであり、契約違反によって発生した過去の確定的な損害だけを賠償する責任制度である。

これら二つの賠償責任制度のうち、どちらが取引コストを節約し、市場取引を促進し、より効率的な資源配分に導くのか。このことを、以下のような単純な取引契約モデルを用いて考えてみよう。

小売業者Xが、ある製造業者Yと製品の購入契約を行い、事前に購入代金として一〇〇万円を支払ったとする。そして、小売業者Xはその製品を一四〇万円で消費者に販売できるものと予見しているとしよう。

しかし、製造業者Yが小売業者Xに製品を引き渡す前に、第三者である別の小売業者ZがYに対して、その製品を一〇〇万円よりも高い値段で購入したいと申し出てきたとする。

この場合、損害賠償責任制度が確立している世界では、製造業者Yは小売業者Zが申し出る値段しだいでは初めの小売業者Xとの契約を破棄し、損害賠償額を払っても後の小売業者Zと取引した方がより効率的になる可能性がある。

以下、期待賠償責任制度と原状回復賠償責任制度では、このモデルの結果にどのような違いが生じるかを考えてみたい。

## 期待賠償責任制度と条理な契約違反

まず、期待賠償責任制度について考察してみよう。この制度のもとでは、製造業者Yが小売業者Xとの契約に違反すれば、製造業者Yは小売業者Xに対して、将来、製品を販売して得られるはずであった期待収益一四〇万円を賠償する必要がある。それゆえ、小売業者Xは契約が履行されようと破棄されようと、結果的に同じ期待収益一四〇万円を得ることになる。

ここで、もし後から製品の購入を申し出た小売業者Zが、将来、製品が一三〇万円で売れると期待し、一二〇万円で製造業者Yに製品の購入を申し出たとするならば、Yは小売業者Xとの契約に違反はしないだろう。というのも、製造業者Yにとっては、契約違反して得られる収益一二〇万円よりも小売業者Xへの損害賠償額一四〇万円の方が高いからである。

このような意思決定は、製造業者Yにとって効率的であることのみならず、社会的にも効率的な決定である。というのも、社会的な観点からして、より低く製品を評価する消費者に、それゆえ製品をより効率的に利用する方法を知らないためにより低い値段でしか購入できない消費者に、製品が配分されることを意味するからである。

しかし、もし小売業者Zが、期待賠償額一四〇万円よりも高い値段で、たとえば一六〇万円で製品が売れると考え、製造業者Yに一五〇万円で製品の購入を申し出たならば、Yは小売業者Xとの契約に違反し、小売業者Zと取引した方がYにとっては効率的となる。

その理由は、こうである。小売業者Xとの契約を履行した場合、製造業者Yの収入は一〇〇万円であるのに対して、契約に違反して小売業者Zに製品を渡した場合、小売業者Xから事前に受け取っている契約金一〇〇万円と小売業者Zから受け取る一五〇万円を足したものから小売業者Xへの損害賠償額一四〇万円を差し引くと、手元に残るのは一一〇万円になるからである。つまり、製造業者Yにとっては、契約違反した方が収入は多くなるわけである。

しかも、この契約違反は、製造業者Y個人にとって効率的であることのみならず、社会的にも効率的である。というのも、この契約違反によって、より高く製品を評価する人に、それゆえ製品をより有効に利用する方法を知っている人に製品が配分され、それは、社会的により効率的に財が利用されることを意味するからである。

このように、期待賠償責任ルールのもとでは、人々は個人的のみならず、社会的にも効率的な資源配分をもたらすような契約違反に導かれることになる。つまり、期待賠償額が比較的高いために、限定合理的な人間の非効率な契約違反が抑制されることになるのだ。

## 原状回復賠償責任制度と不条理な契約違反

これに対して、原状回復賠償責任制度のもとでは、人はどのように行動するのか。

もし製造業者Ｙが小売業者Ｘとの契約に違反すれば、ＹはＸから事前に受け取った契約金一〇〇万円だけ払い戻せばよい。

ここで、もし後で交渉してきた小売業者Ｚが、一〇〇万円よりも安い価格で製品の購入を申し出たとすれば、製造業者Ｙは小売業者Ｘとの契約に違反しないだろう。というのも、この契約違反によって発生する損害賠償額の方が、契約違反によって得られる収入よりも大きいからである。

しかし、もし小売業者Ｚが損害賠償額一〇〇万円よりも高いが、小売業者Ｘが製品に期待していた販売価格一四〇万円よりも安い値段、たとえば一三〇万円で売れると期待し、一二〇万円で製品の購入を要求してきたならば、どうだろうか。

この場合、製造業者Ｙにとって、小売業者Ｘとの契約に違反して小売業者Ｚに製品を販売する方が効率的となる。というのも、製造業者Ｙが契約違反しない場合、事前に支払われた契約金一〇〇万円が収入であるのに対して、ここで契約違反すれば、損害賠償額として事前に支払われた契約金一〇〇万円を小売業者Xに払い戻し、新たに小売業者Zから一二〇万円の収入を得ることができるからである。

しかし、この契約違反は製造業者Y個人にとっては効率的であるが、社会的には効率的ではない。というのも、この取引によって、製品は、より安く評価する人に、それゆえ製品をうまく利用する方法を知らないために安い値段でしか購入できない人に配分され、それは、社会的に非効率的に財が利用されることを意味するからである。

このように原状回復賠償制度のもとでは、人々は個人的には効率的であるが、社会的には非効率的な資源配分をもたらす契約違反に導かれる可能性がある。つまり、私的効率性と社会的効率性とが一致しない不条理な契約違反が発生することになるのだ。

### (3)〈タイプⅡ〉の不条理の克服

#### 契約違反と命令違反の関係

以上のような契約違反に関する議論は、そのまま組織内の命令違反の問題に応用できる。

というのも、組織内における上官や上司の命令に部下が忠実に従うかどうかの問題は、雇用契約を守るかどうかの契約問題でもあるからだ。その意味で、契約違反をめぐる議論は、そのまま組織内の命令違反の問題に直結していることになる。

もう少し具体的に説明してみよう。すべての組織メンバーは限定合理的であるので、どんな優秀な上官や上司でも部下に対して常に完全な命令を出すことはできない。非効率的で不正で理不尽な命令が出されるかもしれない。それゆえ、場合によっては、そのような不条理な命令に従うことに部下が躊躇する可能性がある。この場合、部下を説得するのに取引コストが発生する。

この取引コストを節約するために、権柄《けんぺい》ずくで命令を絶対的なものとして強制させると、逆に非効率な資源の配分と利用が起こる可能性がある。あるいは、そのために有能な部下が組織を離脱するかもしれない。それゆえ、組織的資源を効率的に配分し利用するためには、何らかの形で責任を問うような組織ルールのもとに、部下に「命令違反の自由」を認めておいた方が、部下との取引コストは節約され、組織資源はより効率的に配分・利用されて、組織自体は生き延びる可能性が高まることになる。そして、組織は進化する可能性があるのだ。

しかし、先に説明したように、責任制度の内容しだいでは、組織のメンバーは個人的にも組織にとっても効率的な命令違反に導かれる場合と、個人的には効率的であるが組織にとっては非効率な不条理な命令違反に導かれる場合がある。

この議論を山口多聞と栗田健男の歴史的命令違反行動に応用してみると、以下のような解釈に導かれる。すなわち、期待賠償責任制度を行動原理としていたために、個人的にも組織にとっても効率的な命令違反に導かれたのはミッドウェー海戦での山口多聞だったのではないか。他方、原状回復賠償責任制度を行動原理としていたために、個人的には効率的であったが、組織にとっては非効率な不条理な命令違反に導かれたのがレイテ海戦での栗田健男だったのではないか。

以下、このことを論証してみたい。

## 山口多聞の責任ルールと条理な命令違反

先に述べたように、山口多聞はミッドウェー海戦において海軍の作戦を実行するため、第二航空戦隊を指揮することを任されていた。言い換えれば、海軍はミッドウェー作戦を実行し、その成果を得るために、山口に第二航空戦隊を投資したことになる。もちろん、海軍は山口への投資に対して、当然、その投資以上のリターンを期待していた。

こうして、ミッドウェー作戦が実行され、海軍の空母が、航空機による攻撃が可能な範囲に米国の空母を発見したとき、第二航空戦隊の爆撃機の発進をめぐって逡巡する第一機動部隊司令官南雲忠一中将に対して、山口はいち早く爆撃機の発進を意見具申した。というのも、空母による決戦はスピードが勝負であるため、できるだけ早く航空部隊を発進させることができれば、勝負を制すると考えたからである。

　このとき、山口が南雲の判断を待たずに独断専行し、指揮下の「蒼龍」と「飛龍」艦上の爆撃機を発進させていたなら、敵空母を攻撃することができたかもしれない。しかし、彼はこのときあえてそうしなかった。その理由については、次のようなことが考えられる。

　たとえば、この状況で命令違反を起こしていれば、この作戦に関わっていた連合艦隊の組織全体が混乱し、組織運営上多大な非効率を生み出す可能性があった。また、空母の艦上に、第一次ミッドウェー島攻撃隊が帰還するスペースがなくなり、燃料不足で不時着する事態も十分予想された。さらに、護衛戦闘機を付けずに爆撃機だけを発進させた場合には、敵艦上で敵戦闘機に迎撃される可能性も十分にあったのである。

　この場合の山口の行動原理としては、期待賠償責任の原理があったのではないかと考えられる。つまり、命令違反によって生み出せる期待メリットよりも発生する期待コストの方が大きい、言い換えれば、期待メリットが期待コストを十分カバーしきれないと判断したのではないかと思われる。それゆえ、彼はこの状況では独断専行をせず、南雲中将に対しても強硬に意見を具申しなかったのではないか。それは、彼個人にとってのみならず、組織全体にとっても効率的であった。

しかし、その後に行われた米軍の奇襲が、山口の行動を変化させた。海軍の空母三隻が米軍の爆撃機に攻撃され、いずれも航行不能となり、しかも機動部隊司令官南雲中将の命令が途絶えてしまった。そこで、山口は組織の秩序を破って独断専行を決意、自ら作戦の指揮をとったのである。

このとき、もし山口が本来の組織秩序に従い、上官の命令を待っていたならば、海軍はまったく成果を上げることができなかっただろう。被害は拡大するばかりで、その損害は膨大なものになっていたと推測される。

しかし、彼の俊敏な判断にもとづく命令違反によって、艦上爆弾を備えた飛行機が即座に発進した。これに敵の空母を攻撃させれば、このとき、ちょうど敵の攻撃隊が空母へ帰還する頃だったため、敵の空母に打撃を与えうる可能性が十分あった。

その際、期待賠償責任原理に従う山口は、この命令違反によって発生する期待コストよりも、それによって生み出せる期待メリットの方が大きいと判断した。言い換えれば、期待メリットが期待コストを十分カバーできると判断した、そう思われる。そして、実際にその通りになった。それは、後年の歴史解釈によっても明らかにされている。

このように、山口の命令違反は組織の倫理からすれば不正であったかもしれないが、組織全体の効率性からすれば、きわめて効率的で条理なものであった。実際、それは、彼個人にとっても効率的であったし、これが彼固有の賠償責任原理に従っていたという意味で、決して無責任な行動でもなかった。

この山口多聞の行動によって、海軍の組織的資源はより価値の高い方法で利用され、その結果、米軍に対して一矢を報いることができたのだ。

## 栗田健男の責任ルールと不条理な命令違反

山口多聞に対して、栗田健男も同様に、レイテ作戦を実行し、その成果を得るために、海軍から戦艦「大和」と戦艦「武蔵」を含む三二隻の軍艦を投資されていた。そして、その投資に対するリターンが、当然、期待されていた。

栗田は、レイテ湾に突入する途中で、すでに米軍の攻撃によって戦艦「武蔵」を含む一六隻の軍艦を失っていた。このとき栗田は、このまま忠実に命令に従ってレイテ湾に進めば、指揮下の軍艦は全滅する可能性があると考えた。それは長い間、海上で勤務してきた栗田にとっては、あまりにも大きなコストであっただろう。

というのも、日本は資源の乏しい貧困国でありながら、米国に対抗することを国防方針に、海軍の軍備充実を計ってきたことを、栗田はよく知っていたからだ。食う物を切りつめてまで作り上げた軍艦はそれゆえに貴重品で、決して消耗品などではなかった。巡洋艦以上の大型戦艦の艦首には菊の御紋章がつけられているほどだったのだ。

そして、実際に海軍には、敵に打撃を与えれば、自分が被害を受ける前にすぐに退却するのが賢いやり方だという「逃げ」の風潮、あるいは保全思想が伝統的にあった。たとえば、昭和一七（一九四二）年一一月の第三次ソロモン海戦において、戦艦「霧島《きりしま》」と天皇が何度も搭乗した御召艦である「比叡《ひえい》」を沈めた阿部《あべ》弘毅《ひろあき》中将は、翌年、予備役に回されてしまった。保全思想は、ときに人事に表れることもあったのである。

海軍の保全思想は、こんな局面にも表れた。ガダルカナル島の戦いの原因は海軍にあると考え、その責任を強く感じていた山本五十六連合艦隊司令長官は、来るべき陸戦に備えて、ソロモン海に戦艦「大和」を送り込むつもりだった。しかし、海軍の上層部は、山本を説得してこれを断念させた。連合艦隊が誇る「大和」を傷つけたくなかったからである。

そんなこともあって、戦艦の艦長や司令官は、自艦が沈められることを極端に恐れる傾向があった。とくに、この傾向は、海上勤務が長い栗田には強かったと思われる。

たとえば、昭和一九（一九四四）年六月のマリアナ沖海戦では、小澤治三郎中将が最初の攻撃で艦載機のほとんどを失い、空母二隻も潜水艦に撃沈されてしまった。この海戦に軍艦群の指揮官として作戦に参加していた栗田は、敵から離脱することを小澤に進言した。

しかし、小澤はこの進言に従わず、作戦を続行したのだった。

こうしたことを考慮に入れると、レイテ湾への進行途中で栗田が敵の攻撃を避けるために第一回目の反転を行い、命令違反をした別の理由が見えてくる。すなわち、命令違反し反転してこのまま引き返して体制を整えれば、少なくとも残りの軍艦は確実に保全でき、「戦艦と戦艦との最後の決戦」のためにとっておくことができる。実際この時点で、「大和」や、昭和天皇の御召艦で連合艦隊の前の旗艦でもあった「長門」はまだ健在だった。そのため、反転して米軍機の攻撃範囲から脱出できれば、途中で失った軍艦のコストは残りの軍艦を保全することによって十分カバーでき、賠償責任を果たすことができる。

こうして見ると、栗田は「逃げる癖」に従っていたというよりも、常に原状回復賠償責任の原理を行動原理としていたのではないかと思われる。それゆえ、まったく合理的に、しかも責任をもって第一回目の反転を行った可能性があるのだ。

たしかに、この反転は栗田個人にとっては、私的に効率的で責任ある行動だったかもしれない。しかし、海軍全体にとっては効率的ではなかった。この反転によってレイテ作戦に投入された海軍の他のすべての組織的資源が、完全に非効率に利用される可能性があったからである。実際に、西村艦隊とのレイテ湾同時突入は失敗に終わったのだ。そのために、連合艦隊司令部は栗田に厳しい作戦遂行命令を出した。そして、このとき、偶然、米軍機が「おとり」となっている小澤艦隊に引き付けられ、米軍機の攻撃が一時的に止んだため、栗田は再び本来の作戦に従って動き出したのである。

だが、結局、栗田はレイテ湾突入の直前で再び反転することになる。このとき、彼はこのまま命令に従い、再度レイテ湾に突入すれば、海軍が誇る軍艦は全滅し、膨大なコストだけが残ると考えたにちがいない。これに対して、もし命令違反し、再び反転して帰港すれば、貴重な残りの軍艦は保全することができるし、途中で失った軍艦をめぐるコストも十分カバーできる。そして、いつか来る「最後の決戦」のために、貴重な軍艦をとっておくことができる。

栗田はそう考えて、再び原状回復賠償責任原理を行動原理として効率的に独断専行したのではないか。言い換えれば、命令違反によって発生するメリットによって、これまでの戦いで失ったコストは十分カバーできると考えたのではないか。その意味で、この命令違反は、彼にとってはきわめて合理的かつ効率的であった。彼は、決して無責任ではなかった可能性があるのだ。

しかし、それは、海軍全体にとっては、きわめて非効率な資源配分に導く不条理な命令違反であった。そこには、私的効率性と社会的（組織的）効率性の不一致という不条理が発生していたのだ。実際、それによって、レイテ作戦に投入された他のすべての作戦が無駄になってしまったのである。

そして、この命令違反の結果、より低い価値しか生み出さない方向で、海軍の資源が配分され利用されてしまった。たとえば、最後の決戦のためにとっておいた「大和」は、その後、戦う場所、死に場所を失い、「国破れて大和残る」という不名誉の危機にさらされ、結局、沖縄に向かう途中で、米軍に攻撃され沈没してしまった。

また、戦艦「長門」も、戦後、米軍に接収され、原爆実験における標的艦の一つとなった。「長門」は空中爆発では沈まず、至近距離の水中爆発で艦体に損傷を受けたが、それでも沈まなかった。数日後に強烈な放射能を浴びて「長門」は沈んでいった。哀れな最期だった。

## 日本海軍の矛盾が表れたレイテ海戦

〈タイプⅡ〉の不条理を克服する方法として、最終的には命令違反が必要なのだが、以上の分析からすべての命令違反が良いとはいえないことがわかる。個々人がその行動原理として暗黙のうちに依拠している責任原理の違いによって、個人的かつ組織的にも効率的で条理な命令違反に導かれる場合と、個人的には効率的であるが組織的にはまったく非効率で不条理な命令違反に導かれる場合があるのだ。

これらのうち、山口多聞の命令違反は前者の命令違反であった。彼は期待賠償責任原理を自らの行動原理としていた。このような責任原理に従って命令違反することは、個別合理性と社会的合理性を一致させることになる。しかも、結果的に期待価値以上の価値を生み出す必要性があるため、命令違反は常に価値創造的となり、その結果、組織は不条理から救われるのだ。

これに対して、栗田健男の命令違反は後者の命令違反であった。彼は原状回復賠償責任原理を自らの行動原理としていた。このような責任原理に従って命令違反したために、私的効率性を追求して社会的（組織的）には非効率に導かれるという不条理に陥ったのだ。このような責任原理は、過去の過少な価値だけを補償すればいいので、組織にとって価値創造的な行動をもたらさない。しかも、賠償額が少ないので、過剰に命令違反を生み出してしまうのだ。

われわれは期待賠償責任原理のもとに、栗田の命令違反行動を見てしまいがちである。そうすると、小澤艦隊が「おとり」になり、神風特攻隊までが出撃したのだから、あの時点で栗田艦隊がレイテ湾に突入していれば、米軍の上陸を完全に阻止できる——そう期待してしまう。しかし、栗田の命令違反は、この期待価値をカバーするような価値を生み出さなかった。それゆえ、彼の行動は非効率で非合理かつ無責任に思えてしまうのだ。

日本海軍は、実は期待賠償責任と原状回復賠償責任をともに許容する非常にあいまいな責任原理にもとづく組織だったのであり、これら二つの責任原理を統一するような教育や人事管理はなされていなかった。そして、その矛盾がはっきりと表れた局面が、レイテ海戦だったのではないか。その意味で、原状回復賠償責任原理のもとに、これまで一貫して不確実性に対処してきた栗田を抜擢したということは、彼の責任原理からすれば、むしろ海軍全体が彼に対して過剰投資気味だったといえるかもしれない。

以上のことから、期待賠償責任原理にもとづいて行動すること、そして必要とあればこの責任原理に従って命令違反を行うことによって、組織は〈タイプⅡ〉の不条理に陥ることなく、不条理を脱出できる可能性があることがおわかりいただけたかと思う。

# 結　章　命令違反のマネージメント

## 命令違反が組織の不条理を解決する

ここで、これまでの議論を体系的にまとめてみたい。

もし、すべての人間が完全合理的であるならば、組織において、上司は部下に、完全に正当で効率的な命令だけを下すだろう。他方、部下も上司の命令が完全に正当で効率的であることをしっかりと理解しているので、それに服従することになる。

こうした組織では、常に正当性と効率性が一致する。それゆえ、効率性を無視して正当性だけを合理的に追求した結果、非効率で自滅するような〈タイプI〉の不条理は発生しない。

また、すべての人間が完全合理的であるならば、組織において、上司は部下に、私的にも社会的にも正しく効率的な命令を下すだろう。他方、部下も上司の命令が私的にも社会的にも正当で効率的であることをしっかりと理解しているので、それに服従することになる。

こうした組織では、常に個別性と社会性が一致する。それゆえ、社会性を無視して私的利益だけを合理的に追求した結果、社会的圧力によって淘汰されるような〈タイプII〉の不条理は発生しない。

以上のように、完全合理的な人間組織では、組織の不条理は発生しない。だから、命令違反は起こらないし、その必要もない。そして、このような組織は、退化することも進化することもない。静止したままであるか、等速運動している状態である。それは、永遠に危機にさらされることのない完全で不変の組織なのだ。

しかし、残念ながら、このような組織は神々から構成された超人的組織であって、現実の人間組織ではありえない。どんな人間でも、情報を収集・処理し、その結果を伝達する能力には限界がある。人間はこの限定された能力の中でしか、つまり限定合理的にしか行動できないのだ。

「すべての人間は限定合理的である」――これが本書の基本的なスタンスである。

このような人間からなる組織では、正当性と効率性が常に一致する保証はまったくない。上司や上官は限定合理的だから、まったく非効率な命令を部下に発し、地位や立場を利用してそれを強制してくることもある。

そして、もし部下がこの非効率的な命令に忠実に従うならば、組織はその非効率性のために自滅に導かれることになる。これが、正当性と効率性の不一致が生み出す〈タイプⅠ〉の不条理である。

同様に、このような組織では、私的個別性と社会的全体性が常に一致する保証もまったくない。上司や上官は限定合理的だから、反社会的な命令を部下に発し、地位や立場を利用してそれを部下に強要してくることもある。

そして、もし部下がこの反社会的な命令に忠実に従うならば、組織はその反社会性のために淘汰の危機にさらされることになる。これが、私的個別性と社会的全体性の不一致が生み出す〈タイプⅡ〉の不条理である。

限定合理的な人間からなる組織は、常にこれら二つのタイプの組織の不条理に陥る可能性がある。そして、それゆえ常に自滅と淘汰の危機にさらされているといえる。

二つの不条理をいかに克服するか。この問いに対するファイナル・ソリューション（最終解決案）として、組織はどうしても命令違反を認める余地が必要となってくるのだ。

しかし、私はいかなる命令違反も容認すべきだと、勧めているわけではない。組織の不条理を回避するためには、正当性と効率性を一致させるような命令違反行動か、あるいは個別性と全体性を一致させるような命令違反行動以外に許されるべきではないのだ。

## 上司の命令と部下の反応の四つのパターン

さて、上司の命令とそれに対する部下のとるべき反応を図式化すると、次の四つに分けられる（図表10－1）。

まず、横軸は上司が発する命令の効率性に関するものであり、ある命令が出されたとき、その命令に従うことは組織倫理的に正当なことである。しかし、それが効率的な内容をもつものなのか、あるいは非効率的な内容をもつものなのかに区別されるだろう。他方、縦軸は上司が発する命令の社会性に関するものであり、ある命令が出されたとき、それが社会的で全体的な内容をもつものなのか、反社会的（私的で個別的）な内容をもつものなのかに区別されるだろう。

### （C1）上司が効率的ではあるが反社会的（私的）な命令を出したとき

組織に〈タイプII〉の不条理をもたらす可能性のあるこの命令が出された場合、部下は、（C4）の方向、つまり社会的で効率的な方向へ進むように、できるだけこの不条理な命令に抵抗する必要がある。そして、場合によっては、私的個別性と社会的全体性を一致さ

図表10-1　命令違反マトリックス

| 命　令 | 非効率的命令 | 効率的命令 |
|---|---|---|
| 反社会的命令 | （C2）反社会的非効率的命令<br>タイプⅠとⅡの不条理<br>（組織自滅・淘汰）<br>命令違反 | （C1）反社会的効率的命令<br>タイプⅡの不条理<br>（組織淘汰）<br>命令違反 |
| 社会的命令 | （C3）社会的非効率的命令<br>タイプⅠの不条理<br>（組織自滅）<br>命令違反 | （C4）社会的効率的命令<br>服従<br>（組織生存・選択・進化） |

せるように命令違反する必要がある。

（C2）上司が反社会的で非効率な命令を出したとき

組織に〈タイプⅠ〉と〈タイプⅡ〉の不条理が並存あるいは複合した状態をもたらす可能性のあるこの命令が出された場合、部下は、（C4）の方向、つまり社会的で効率的な方向へ進むように、できるだけこの不条理な命令に抵抗する必要がある。そして、場合によっては、正当性と効率性、そして私的個別性と社会的全体性を一致させるように命令違反する必要がある。

（C3）上司が社会的ではあるが非効率な命令を出したとき

組織に〈タイプⅠ〉の不条理をもたらす可能性の

あるこの命令が出された場合、部下は、（C４）の方向、つまり社会的で効率的な方向へ進むように、できるだけこの不条理な命令に抵抗する必要がある。そして、場合によっては、正当性と効率性を一致させるように命令違反する必要がある。

（C４）上司が社会的で効率的な命令を出したとき

このような命令（C４）を上司が出し続けているかぎり、そして、部下がそれに服従しているかぎり、組織は自滅することも淘汰されることもない。このような組織には、もはや「強制」という概念は成り立たないだろう。その意味で、このような組織は理想的な「自由人の組織」となる。

このように、限定合理的な人間組織では、（C１）から（C３）のように、上司のすべての命令が必ずしも正当なものではないし、効率的なものでもない。この場合、部下は、命令に抵抗しなければならない。そして、必要とあれば、命令違反する必要があるのだ。とくに、（C２）と（C３）の命令違反に関しては、正当性と効率性とを摺り合わせるような命令違反を行うために、部下は常にプラスの心理状態を維持する必要があるだろう。そのような心理状態では、効率性を無視していたずらに正当性に走る可能性が少ないことが、本書で説明したように行動経済学的に証明されている。

また、（C1）と（C2）の命令違反に関しては、期待賠償責任原理にもとづき、命令違反によって期待賠償責任を果たせるほど高い価値を創造できる場合に、命令違反は限定される。そうでなければ、命令違反は、単なる私利私欲を追求するためだけに展開されることになるからだ。このことは、本書で説明したように法と経済学で証明されている。

さらに、（C1）から（C3）までの命令違反には直接的な方法もあるだろうし、間接的な方法もあるだろう。間接的な方法とは、たとえば、あるプロジェクトの実行をトップが部下に命令した場合、部下は失敗したときのことを考えて、インフォーマルに別のより効率的なプロジェクトを同時に進めておくことなどである。

とはいっても、実際に命令違反を実行することは非常に難しく、不可能だと思う人が多いかもしれない。たしかに、組織内の人間関係によっては、本質的に命令違反を受けつけないこともある。また、場合によっては、命令違反は組織内の人間関係を完全に崩壊させるかもしれないのだ。

しかし、そのような組織はすでに死んでいるのであり、遅かれ早かれ死ぬ運命にあるのだ。

では、良い命令違反を生み出すために、組織は、そして組織内の人間関係はどうあるべきか、これについて考えてみたい。

## ポパーの考え

組織に必要なのは、上司も部下も、完全な状態を目指して完全な知識や情報を獲得しようと努力することではない。人間はあくまでも限定合理的なので、どれだけがんばって努力しても、最終的に完全な知識を獲得することはできない。

限定合理的な人間組織にとって可能なのは、科学哲学者K・R・ポパーが科学的知識の進歩について説明したように、批判的な議論にもとづく誤り排除の方法によって進化することだけである。ここで批判的な議論の「批判」とは、すべてを否定するということではない。もちろん、すべてを肯定することでもない。どこまで認めることができ、どこから認めることができないのか、その境界や限界を確定することを意味するのだ。この批判的議論を通して、人間は絶えず進歩することができるというのが、ポパーの考えである。

そして、このような批判的な議論を可能にする組織には、以下のようなカント的人間関係が必要となるのだ。

## カント的人間関係

それは、自分の目的を達成するために相手を単なる手段として、あるいは単なる物として利用してはならないという人間関係、つまり一人ひとりが常に相手を一つの目的、すなわち価値をもつ存在であるとみなし、決して相手を自分の目的達成のための手段として扱わないという人間関係である。これは、ドイツの偉大な哲学者カントが発見した内なる道徳法則の内容であり、彼の言葉を借りれば、以下のようになる。

「君自身の人格ならびに他のすべての人の人格に例外なく存するところの人間性を、いつでもまたいかなる場合にも同時に目的として使用し決して単なる手段として使用してはならない」（カント著〈1960〉103頁）ということである。

このような人間関係を「カント的な人間関係」と呼ぶことにしよう。

カントによると、ある行動の原因が自分の意志ではなく、自分の外にある場合、その行動を他律的な行動という。それは外にある原因が刺激となって反応するという意味で動物的な刺激反応行動であり、また外からの力が原因となって作用し、結果として行動するという意味で、力学的な因果法則に従う機械的な行動でもある。そして、カントは、外に原因があるような他律的な行動は動物的あるいは機械的であり、人間本来の行動ではないとする。

こうした他律的な人間から構成される動物的あるいは機械的な組織では、批判的な議論は展開されない。自分の目的を達成するために、互いに相手を否定し、自らの目的達成の手段として扱おうとするからである。このような組織における議論がもたらすのは相互不信だけである。

一方、ある行動の原因が自分の外にではなく、自分自身つまり自分の意志にあり、それ以外にない場合、その行動を自律的な行動という。それは他の原因に拘束されない自由な行動であり、そのような行動を行う人々の関係は、他律的な刺激反応パターンからなる動物的関係ではなく、また因果関係にもとづく機械的関係でもない。あくまでも自らの意志を出発点として行動を起こす自由意志をもつ人々の関係であり、それぞれ目的として相互に認めあう人間関係であるといえる。

このような自律的な人間から構成される組織では、相互に相手を簡単に否定することはない。どこまでが正しく、どこまで認められないか、その限界を相互に確定するような批判的で建設的な議論が展開されうる。そして、このような批判的議論を通して組織は誤りを排除しつつ進歩していくことになるのである。

このように、上司も部下もそれぞれ自らの限定合理性を十分認め、それぞれ相互に目的として認めあうような「カント的な人間関係」が形成できるならば、ポパーが主張したように、批判的議論にもとづく誤り排除の方法によって、組織は危機をうまくマネージメントしながら進化することができるだろう。

## 誤り排除の図式

ポパーによると、すべての人間は不完全であり、それゆえ人間が提案することはすべて暫定《ざんてい》的かつ仮説的であって、真理を獲得することはできない。しかし、不完全な人間でも、批判的議論を通して誤りを排除し、この誤り排除の図式（暫定的解決（TS）→批判的議論による誤り排除（EE）→問題（$P_1$）→暫定的解決（TS））に従って、真理に接近することはできるというのである。

本書で奨励している「良き命令違反」は、このポパーの批判的議論にもとづく誤り排除の図式に組み込まれ、以下のように人間組織を進化させることになる。

…→$TO_1$（暫定的組織）→EE（誤り排除）→$P_1$（問題）→$TO_2$（暫定的組織）→…

●暫定的組織（$TO_1$ = Tentative Organization）

暫定的な組織においては、まず、上司も部下も限定合理的であり、組織内に形成されているすべての規則、制度、知識、戦略、そして上官や上司の命令のすべてが、必ずしも完全であるとはかぎらず、それゆえ、すべてが暫定的な状況にあることを認識している。

●批判的議論による誤り排除（EE ＝ Error Elimination）

できるだけ早いうちに誤りを見いだして、それを組織から排除しようとするため、組織のメンバー一人ひとりが絶えず批判的となる。ここでの批判というのは、先に述べたようにすべてを否定することではない。もちろん、すべてを肯定することでもない。どこまで認めることができ、どこから認めることができないのか、その境界や限界を画定することを意味する。

そこで行われる批判的議論は、相手を自らの目的達成のための単なる手段として扱うのではなく、先に述べたように、互いに目的として認めあうような「カント的な人間関係」がなければ、有効に実行されないだろう。

また、組織の外部に対してもできるだけオープンにし、外部からの批判の声に対しても、積極的に耳を傾けなければならない。そのためには、組織は外部の人々との間にも、「カント的な人間関係」を確立しておく必要がある。そのような関係がなければ、外部から否定的な意見ばかり聞かされたり、無意味で甘い肯定論ばかりを聞かされることになるだろう。

### ●批判が生み出す問題（$P_1$＝Problem）

内外からの批判を通して、もし問題がなければ、組織メンバーは、組織内の既存の規則、制度、知識、戦略、そして上官や上司の命令に従うことになる。しかし、それらは真なるものとして認められるわけではない。いまのところ問題がないという意味で、あるいは放棄する合理的理由がいまのところないという意味で、それらに自発的に服従することになる。それゆえ、このような組織では「強制」という概念は成り立たないのだ。そして、「強制がない」ゆえに、まさにこのような組織は「自由人の組織」といえるのだ。

　そして、この組織のメンバーは、外部から「少し高い給料を出すから、うちの会社に来ないか」とか「うちの会社にきたら、もっといいポジションを与えるよ」などといった声がかかってもブレないだろう。一人ひとりが他律的ではなく、自由意志に従って自律的に組織に参加しているからである。それゆえ、このような自由意志を持つメンバーから構成される自由人の組織は強いのだ。外からの刺激や圧力もはねのけてしまう。

　しかし、もし批判を通して、組織内の既存の規則、制度、知識、戦略、そして上官や上司の命令の内に新しい問題、つまり反社会的で非効率な点が見いだされるならば、それは組織の危機として認識され、時を待たず誤りとして排除され、解決されなければならない。必要とあれば、命令違反も有効な解決案となるだろう。

ただし、それは「組織の失敗」を意味しない。逆に、そのような問題や危機の解決こそが、限定合理的な人間組織にとっては必要で、人間組織が進化していく上での原動力となるのだ。

## ●暫定的な新組織（$TO_2$ = Tentative Organization）

このように、組織内の問題を解決し、組織の危機を回避して、組織自体を進化させていくためにも、トップの命令行動しだいでは部下の命令違反が必要となるだろう。

しかし、命令違反を行う際には、それが正当性と効率性を摺り合わせるものであることのみならず、常に価値創造的なものでなければならない。言い換えれば、期待価値をカバーするような、より高い価値を最終的に生み出すものでなければならないのである。そうでなければ、そのような命令違反行動は、他のメンバーを単なる手段として扱うことになってしまうだろう。そうなると、組織メンバー間が互いに疑心暗鬼になり、最終的に組織は崩壊する。

このように、問題がファイナル・ソリューション（最終解決案）としての命令違反によって解決され、組織の危機が回避されるならば、組織はより高い価値を創造しながら進化することになる。これに対して、問題が解決されなければ、あるいは悪しき命令違反が発生するならば、組織は逆に価値を下げ、存亡の危機にさらされることになるだろう。

## 開かれた組織

良い命令違反行動を引き出すためには、基本的前提として、これまで説明してきたように、相互に相手を自分の目的達成のための単なる手段として扱わず、相手もまた一つの目的をもった存在として認めあうような「カント的な人間関係」がどうしても必要なのである。

一方で、部下が「これから行う行動は命令違反であり、たしかに不正かもしれない。しかし、これを実現させれば、必ずや他の組織メンバーのため、あるいは組織のため、社会のためになる。そして、最後はメンバーの誰かにわかってもらえるのだ」といった思いを抱き、他方で上司が、「あいつの行動はたしかに命令違反だ。しかし、あいつはおそらく自分の目的達成だけのために、それゆえわれわれを単なる手段として扱っているとは思えない」と思うような関係が必要となるのだ。

こうして問題を解決した新しい創造的組織は、限定合理的な人間組織であるがゆえに、再び同じ批判的・合理的プロセスをたどることになる。限定合理的な人間組織の目的は完全な組織の形成にあるのではなく、果てしなき漸次的な組織の進化、言い換えれば完全な組織への絶えざる接近でしかないのだ。

そして、このような組織こそが、未来に対して「開かれた組織」なのである。そして、「開かれた組織」において、部下がタイミングよく「良い命令違反」を行い、上司がそれをうまく受け止め、マネージメントできるなら、組織は不条理に陥ることなく、変化が激しく、絶えず流動的な二一世紀を生き抜くことができるだろう。

# あとがき

光文社の森岡さんから、日本軍組織と経営学とを結びつけるような研究を行っている方は非常にめずらしいので、それをテーマにぜひ本を書きませんか、と声をかけていただいてから、約一年が経つ。

日本軍組織と経営学を結びつけるような本といえば、私が防衛大学校の教官だった頃、同僚の先生方が書いたベストセラー『失敗の本質――日本軍の組織論的研究』（ダイヤモンド社、のち中公文庫）が非常に有名である。この本では、日本軍組織の非合理性が冷静に分析され、それが日本軍の失敗の本質だったとしている。

これに対して、私が同大学校の教官だった頃に出版した『組織の不条理――なぜ企業は日本陸軍の轍を踏みつづけるのか』（ダイヤモンド社）では、逆に日本軍は合理的に失敗したということ、つまり日本軍は「組織の不条理」に陥ったということ、それゆえ合理性こそが日本軍の失敗の本質だと主張した。

このような説明に対して、多くの読者から、なぜ組織が合理的に失敗するのか、なぜ組織が不条理に陥るのか、その説明については成功している、とのご意見をいただいた。しかし、どのようにして「組織の不条理」を避けることができるのか、あるいはどうすれば「組織の不条理」から脱出できるのか。これについては、あまりに抽象的なことしか書かれておらず、実践的な方法が示されていない、という批判的なご意見を多くいただいた。

しかし、その後私は防衛大学校を退官し、一般大学に転職してから非常に忙しくなったため、こうした意見に答える時間がなかなか取れなかった。それが今回、森岡さんから出版のお話をいただいたのを機会に、ぜひその方法を示してみたいと思ったわけである。

その方法とは、本書のテーマである「命令違反」だ。命令違反こそが組織の不条理を打破し、組織を成長させるのである。この答えはあまりにも極端なので、再び読者から馬鹿げている、あるいは非現実的だ、とのお叱りを受けることになるかもしれない。

しかし、普通のことを書いて、人に普通に理解してもらうことに満足しているようでは、学者ではない。これが、私の学者としての信条である。読者から批判されればされるほど、私の学者魂が燃えてくる。そこで、物事の本質を示すために、あえて大胆で単純明快な回答を本書で展開してみた次第である。

私のこの回答が成功しているかどうかは、読者のみなさんが決めることである。しかし、私自身は、本書を通してある程度自分の考えを述べることができたと自負している。
最後に、このような機会を与えてくださった光文社新書の森岡純一さんに感謝したいと思います。

二〇〇七年七月二三日　三田山上にて

菊澤研宗

# 文庫版のあとがき

本書の特徴は、日本の軍事組織と経営学を結びつけている点にある。本書は、いまから十年以上もまえに書かれたものであり、これまでこの本書の特徴に関して、たくさんの有難いコメントをいただくとともに、批判的なコメントもいただいた。その中で、気になる批判は、以下のような二点であった。

(1)軍事史に関心のある方たちから、本書は「はじめに理論ありき」ではないか。理論ありきで、無理やり事実に当てはめているのではないか。そもそも歴史に理論は必要ないのではないか。

(2)経営学に関心のある方たちから、あえて軍事組織を対象とする必要はないのではないか。この観点からすると、本書における軍事史の説明はあまりにも冗長ではないか。

これら二点をめぐって、私の基本的なスタンスについて説明し、補足させていただきたい。

## なぜ理論ありきなのか

本書を含む私のすべての著作の特徴は、「はじめに理論ありき」という点である。確かに、この点を批判される読者は非常に多い。経験的事例や観察からはじめて、一般化するという帰納法的な展開が、読者からすると、違和感のない書き方なのかもしれない。

しかし、こういった批判をされる人は、大抵、経験主義的な認識論に立っている人が多いように思える。つまり、われわれの知識や認識は、経験あるいは観察を通して帰納的に形成されるという考えである。換言すると、実在あるいは対象に関する認識は、われわれの観察や視覚を通して受動的に獲得されるという考えである。

しかし、このような考えは、現代の認識論からすると、誤りとされる。例えば、次ページの絵をみてほしい。ある人は、これをアヒルだといい、別の人はこれをウサギだという。しかし、対象としての絵は一つである。もし経験主義が正しいならば、同じものに見えなければならない。しかし、二つの異なる認識がなされるのである。なぜか。

実は、われわれ人間は、われわれが保持している知識や理論にもとづいて対象を認識し

アヒル・ウサギの図（筆者作成）

ているからである。これは、今日、「理論負荷性」あるいは「理論依存性」のテーゼと呼ばれている。われわれ人間の認識は、観察や経験を通して受動的に獲得されるわけではなく、逆にわれわれの知識や理論にもとづいて対象を認識しているのである。

　このことを正当化する事例は、たくさんある。たとえば、いま家の鍵をなくしたとしよう。その鍵を探すために、われわれはまったくランダムに探すだろうか。おそらく、その日、歩いた道を思い出して、その足どりを辿るだろう。しかし、もしその記憶に誤りがあり、この道は通っていないと思い込むと、たとえその道に鍵が落ちていても、それが鍵に見えない場合がある。なぜか。結局、認識は観察を通して受動的に獲得されるのではなく、逆にわれわれの知識や理論にもとづいて認識されるのである。

　さらに、日経新聞の記事に関して、おそらく経済学部の学生と文学部の学生とでは、同じ記事を読んでも、その理解や認識がまったく異なるだろう。また、古典文学に関する論文を読んだとき、経済学者と国文学者では、まったく理解が異なるだろう。なぜか。われわれの認識は、観察や経験を通して受動的に獲得されるのではなく、逆にわれわれの知識や理論に依存するからである。

そもそも経験してから認識していたのでは、時すでに遅しで、大抵の人はすでに死んでいるだろうし、人類はすでに絶滅していただろう。

以上のような認識論的な議論が正しいならば、歴史的事実に関して新しい理解や新しい解釈を展開するには、一般常識ではなく、新しい理論にもとづいて歴史的事実を分析する必要があるだろう。この理由で、私自身、常に新しい解釈や新しい理解を提供するために、あえて新しい理論を使って歴史的事実を説明しようとしている。確かに、用いる理論と対象となる歴史的事実とのフィットが悪い場合、多少無理やり感や強引さがあるかもしれない。これについては、反省すべき点だと理解している。

## なぜ軍事組織を対象とするのか

新しい経営学や経済学に関心がある人にとっては、本書での日本軍の事例があまりにも長すぎて興ざめするという。経営学や組織論的研究にとって、そもそも軍事組織を対象とする必要はあるのか。これに対する私の答えは、こうである。

経営学にとって、ときどき企業事例では理解することが難しいものがある。この場合、軍事組織を事例にすると、比較的理解しやすくなる。というのも、軍事組織は非常に極端な組織だからである。たとえば、最近、経営学分野では「パーパス」という言葉がはやっている。ところが、本当に企業にそのようなものが必要なのかと疑問に思う人もいるだろう。企業は、結局、株主のために利益最大化すればいいのではないか、というわけである。

ところが、このパーパスに関して、軍事組織を取り上げて考えてみると、組織にとってパーパスの重要さが理解できる。もし企業の目的が利益最大化だとすると、それは軍隊組織でいえば、最小費用で最大数の敵を殺すことに対応するだろう。そのとき、そのような軍事組織は本当に健全で良き人間組織といえるだろうか。兵士たちは、そのような組織に満足し、コミットし続けることができるのだろうか。

やはり、組織には「パーパス」が必要となる。それは、軍事組織を考えるとより理解しやすくなる。効率的に人を殺すだけの組織に、兵士たちは長くコミットできない。やはり、軍事組織にも何らかのパーパスが必要なのである。というのも、軍事組織は単なる人殺しのプロ集団ではないからである。例えば、米軍には、米国市民を守る軍隊、市民のための軍隊というパーパスがある。このように、軍隊組織はある意味で極端な組織なので、組織がもつ本質を理解する場合、非常に役に立つといえる。

また、近年、日本では労働市場の流動性を高めて、企業が必要な人材を雇用し、不要な人材に退職してもらえば、企業の生産性は上昇するという。他方、労働者も労働市場を通して自分に合わない職場を退職し、自分に合った職場に転職すれば、労働者にとっても幸福だという。これが、最近の働き方改革の一つである。

ところが、このことを軍隊組織で解釈をすると、労働市場を通して兵士を購入し不要な兵士を解雇する傭兵組織は強いということになる。本当に、傭兵からなる軍隊組織は強いだろうか。昔のヨーロッパ諸国では、軍隊は一般にお金で兵士を雇用する傭兵組織であった。ところが、傭兵組織では、戦場で身の危険が迫ると逃亡する傭兵が多かった。そのため、戦場では逃げないように肩を組んで一列に前進した。しかし、これでは大砲の的になりやすく、傭兵組織は弱かったのである。

これに対して、国民軍を形成したフランスのナポレオン軍は、強かった。フランス国民軍の兵士は戦場では逃亡しなかった。それゆえ、ナポレオン軍は戦場では状況に応じて小さな組織に分離したり、状況によっては大きな組織に統合したりして機動的に戦ったため、強かったのである。

この同じことが、今日、ウクライナとロシアの戦争でも起こっている。当初、兵力には絶対的な格差があり、米国の戦争研究所では、二日間でウクライナはロシアに制圧されると予想されていた。ところが、ウクライナ軍は予想以上に強かった。なぜか。ロシア軍は大義も理念もない傭兵的な組織だったのに対して、ウクライナ軍は大義と愛国心のある国民軍だったからである。

このように考えると、労働市場を利用し、状況に応じて人材を自由に出入りさせるような傭兵のような組織は、本当に強い人間組織といえるのか、疑問が生まれる。このように、経営学は軍事組織から多くのことを学べると思う。

以上が、本書における私の基本的なスタンスであり、私の弁明でもある。

最後に、本書の文庫化そして編集をめぐって、中央公論新社の三浦由香子さんには、大変、お世話になった。心から感謝したい。

菊澤研宗

二〇二二年九月　三田山上にて

# 参考文献

## 和文献


岡田益吉（1972）『日本陸軍英傑伝』光人社

Ｉ・カント（1960）篠田英雄訳『道徳形而上学原論』岩波文庫

菊澤研宗（2000）『組織の不条理――なぜ企業は日本陸軍の轍を踏みつづけるのか』ダイヤモンド社

菊澤研宗（2006）『組織の経済学入門――新制度派経済学アプローチ』有斐閣

菊澤研宗編著（2006）『業界分析　組織の経済学』中央経済社

木俣滋郎（2000）『太平洋戦争を闘った将星たち』グリーンアロー出版社

熊谷直（1986）『ザ・ライバル――軍人に見る組織管理の手腕』光人社

小林秀之・神田秀樹（1986）『「法と経済学」入門』弘文堂

児島襄（1967）『天皇の島』講談社

児島襄（1967）『悲劇の提督』中央公論社

児島襄（1971）『指揮官』文藝春秋

児島襄（1972）『参謀』文藝春秋

船坂弘（1967）『サクラ　サクラ――ペリリュー島洞窟戦』毎日新聞社

船坂弘（1981）『血風ペリリュー島』叢文社
現代タクティクス研究会（1994）『第二次世界大戦　将軍ガイド』新紀元社
半藤一利（1992）『指揮官と参謀　コンビの研究』文藝春秋
半藤一利（1995）『戦士の遺書』ネスコ
半藤一利・秦郁彦・横山恵一（2001）『太平洋戦争　日本海軍戦場の教訓』ＰＨＰ研究所
秦郁彦（1982）『昭和史の軍人たち』文藝春秋
畑村洋太郎（2005）『失敗学のすすめ（文庫）』講談社
林田清明（1997）『法と経済学』信山社出版
樋口範雄（1983）「契約を破る自由について」『アメリカ法』1983-2：217-240頁
防衛庁防衛研修所戦史室（1968）『戦史叢書　大本営陸軍部(1)——昭和一五年五月まで』朝雲新聞社
防衛庁防衛研修所戦史室（1968）『戦史叢書　中部太平洋陸軍作戦(2)——ペリリュー・アンガウル・硫黄島』朝雲新聞社
防衛庁防衛研修所戦史室（1969）『戦史叢書　関東軍(1)——対ソ戦備・ノモンハン事件』朝雲新聞社
防衛庁防衛研修所戦史室（1970）『戦史叢書　捷号陸軍作戦(1)——レイテ決戦』朝雲新聞社
防衛庁防衛研修所戦史室（1968）『戦史叢書　インパール作戦』朝雲新聞社
防衛庁防衛研修所戦史室（1971）『戦史叢書　ミッドウェー海戦』朝雲新聞社
防衛庁防衛研修所戦史室（1972）『戦史叢書　海軍捷号作戦(2)——フィリピン沖海戦』朝雲新聞社

堀江芳孝（1967）『闘魂・ペリリュー島』原書房
堀江芳孝（1980）『辻政信――その人間像と行方』恒文社
毎日新聞社（1981）『陸士・陸幼――別冊1億人の昭和史』毎日新聞社
生出寿（1985）『勇断提督　山口多聞』徳間書店
宍戸善一・常木淳（2004）『法と経済学――企業関連法のミクロ経済学的考察』有斐閣
太平洋戦争研究会編・森山康平（2001）『図説秘話でよむ太平洋戦争――真珠湾奇襲からミッドウェー海戦へ』河出書房新社
太平洋戦争研究会編・森山康平（2001）『図説秘話でよむ太平洋戦争2――ガダルカナルの死闘から玉砕・特攻、沖縄、降伏まで』河出書房新社
太平洋戦争研究会編・森山康平（2004）『図説　玉砕の戦場』河出書房新社
太平洋戦争研究会編・森山康平（2005）『図説　太平洋戦争　16の大決戦』河出書房新社
太平洋戦争研究会編著（2005）『写説　太平洋戦争』ビジネス社
高山信武（1985）『服部卓四郎と辻政信』芙蓉書房
多田洋介（2003）『行動経済学入門』日本経済新聞社
田辺英蔵（1983）『統率のパラドックス――闘争とヒューマニズムの狭間』ダイヤモンド社
寺崎隆治（1980）「山口多聞中将」今井武夫他著『日本軍の研究　指揮官』原書房166－187頁
戸部良一・寺本義也・鎌田伸一・杉之尾孝生・村井友秀・野中郁次郎（1984）『失敗の本質――日本軍の組織論的研究』ダイヤモンド社

## 英文献


Calabresi,G.(1970),*The Costs of Accidents: A Legal and Economic Analysis*, Yale University Press.

Coase,R.H.(1937),"The Nature of the Firm," *Economica*, 4（No.3）: 386－405.

Coase,R.H.(1960),"The Problem of Social Cost",*Journal of Law and Economics*,3（No.1）: 1－44.

Coase.R.H.(1988),*The Firm, The Market, and The Law*, The University of Chicago.（宮沢健一・後藤晃・藤垣芳文訳『企業・市場・法』東洋経済新報社 1992）

Kahneman,D. and A.Tversky（1979),"Prospect Theory: An Analysis of Decision under Risk", *Econometrica* 47(2): 263－291.

Polinsky,A.M.(1989), *An Introduction to Law and Economics*, Little Brown and company.

Popper,K.R.(1945), *The Open Society and Its Enemies*, Routledge.（小河原誠・内田詔夫訳『開かれた社会とその敵　』未来社 1980）

Popper,K.R.(1957), *The Poverty of Historicism*, Routledge.（久野収・市井三郎訳『歴史主義の貧困』中央公論社 1961）

Popper,K.R.(1959), *The Logic of Scientific Discovery*, Hutchinson.（大内義一・森博訳『科学的発見の論理（上)・(下)』恒星社厚生閣 1971）

Popper,K.R.(1968), *Conjectures and Refutations: The Growth of Scientific Knowledge*, Harper & Row.（藤本隆志・森博・石垣寿郎訳『推測と反駁――科学的知識の発展』法政大学出版局 1980）

Popper,K.R.(1972), *Objective Knowledge: An Evolutionary Approach*, Clarendon Press.（森博訳『客観的知識――進化論的アプローチ』木鐸社　1974）

Posner,R.A.(1973), *Economic Analysis of Law*, Little Brown and Company.

Thaler, R. H.(1985), "Mental accounting and consumer choice", *Marketing Science*, 4:199－214.

Williamson, O.E.(1975), *Markets and Hierarchies: Analysis and Antitrust Implications*, Free Press.（浅沼萬里・岩崎晃訳『市場と企業組織』日本評論社　1980）

Williamson, O.E.(1985), *The Economic Institutions of Capitalism: Firms, Markets, Relational Contracting*, Free Press.

Williamson, O.E.(1988),"Corporate Finance and Corporate Governance", *Journal of Finance*: 567－591.

Williamson,O.E.(1989),"Transaction Cost Economics" in *Handbook of Industrial Organization*, Elsevier Science : 135－182.

Williamson, O.E.(1996), *The Mechanisms of Governance*, Oxford University Press.

Young,B.P.(1975), *Atlas of the Second World War*, Kern Associate.（戦史刊行会訳・編『第二次世界大戦　全作戦図と戦況』白金書房　1975）

『「命令違反」が組織を伸ばす』二〇〇七年八月　光文社新書

中公文庫

# 命令《めいれい》の不条理《ふじょうり》
## ——逆《さか》らう部下《ぶか》が組織《そしき》を伸《の》ばす

2022年11月25日　初版発行

著　者　菊《きく》澤《ざわ》 研《けん》宗《しゅう》

発行者　安部 順一

発行所　中央公論新社
〒100-8152　東京都千代田区大手町1-7-1
電話　販売 03-5299-1730　編集 03-5299-1890
URL https://www.chuko.co.jp/

DTP　嵐下英治
印　刷　三晃印刷
製　本　小泉製本


Published by CHUOKORON-SHINSHA, INC.
Printed in Japan　ISBN978-4-12-207280-0 C1134

各書目の下段の数字はISBNコードです。978-4-12が省略してあります。

# 中公文庫既刊より

き-46-1
**組織の不条理** 日本軍の失敗に学ぶ
菊澤研宗
個人は優秀なのに、組織としてはなぜ不条理な事をやってしまうのか？ 日本軍の戦略を新たな経済学理論で分析、現代日本にも見られる病理を追究する。
206391-4

と-18-1
**失敗の本質** 日本軍の組織論的研究
戸部良一／寺本義也／鎌田伸一／杉之尾孝生／村井友秀／野中郁次郎
大東亜戦争での諸作戦の失敗を、組織としての日本軍の失敗ととらえ直し、これを現代の組織一般にとっての教訓とした戦史の初めての社会科学的分析。
201833-4

さ-85-1
**組織の盛衰** 決定版
堺屋太一
日本史における巨大組織の盛衰から、組織の「死に至る病」を検証し、未来への処方箋を提案する。二十年以上にわたる組織論研究の集大成に、著者解説を付した決定版。
207217-6

な-68-1
新編 **現代と戦略**
永井陽之助
戦後日本の経済重視・軽武装路線を「吉田ドクトリン」と定義づけた国家戦略論の名著。岡崎久彦との対論を併録。文藝春秋読者賞受賞。〈解説〉中本義彦
206337-2

な-68-2
**歴史と戦略**
永井陽之助
クラウゼヴィッツを中心にした戦略論入門に始まり、愚行の葬列である戦史に「失敗の教訓」を探る。『現代と戦略』第二部にインタビューを加えた再編集版。
206338-9

あ-89-1
**海軍基本戦術**
秋山真之
戸高一成編
丁字戦法、乙字戦法の全容が明らかに！ 日本海海戦を勝利に導いた名参謀による幻の戦術論が甦る。本巻は同海戦の戦例を引いた最も名高い戦術論を収録。
206764-6

あ-89-2
**海軍応用戦術／海軍戦務**
秋山真之
戸高一成編
海軍の近代化の基礎を築いた名参謀による組織論。巨大組織を効率的に運用するためのマニュアルが明らかに。前巻に続き「応用戦術」の他「海軍戦務」を収録。
206776-9

い-41-3
**ある昭和史** 自分史の試み
色川大吉
十五年戦争を主軸に、国民体験の重みをふまえつつ昭和という時代を鋭い視角から描き切り、「自分史」のさきがけとなった異色の同時代史。毎日出版文化賞受賞作。
205420-2

い-61-2
**最終戦争論**
石原莞爾
戦争術発達の極点に絶対平和が到来する。戦史研究と日蓮信仰を背景にした石原莞爾の特異な予見は、日本を満州事変へと駆り立てた。〈解説〉松本健一
203898-1

い-61-3
**戦争史大観**
石原莞爾
使命感過多なナショナリストの魂と冷徹なリアリストの眼をもつ石原莞爾。真骨頂を示す軍事学論・戦争史観・思索史的自叙伝を収録。〈解説〉佐高　信
204013-7

い-65-2
**軍国日本の興亡** 日清戦争から日中戦争へ
猪木正道
日清・日露戦争に勝利した日本は軍国主義化し、国際的に孤立した。軍部の独走を許し国家の自爆に至った経緯を詳説する。著者の回想「軍国日本に生きる」を併録。
207013-4

い-108-6
**昭和16年夏の敗戦** 新版
猪瀬直樹
日米開戦前、総力戦研究所の精鋭たちが出した結論は「日本必敗」。それでも開戦に至った過程を描き、日本的組織の構造的欠陥を衝く。〈巻末対談〉石破　茂
206892-6

い-108-7
**昭和23年冬の暗号**
猪瀬直樹
東條英機はなぜ未来の「天皇誕生日」に処刑されたのか。敗戦国日本の真実に迫る『昭和16年夏の敗戦』完結篇。新たに書き下ろし論考を収録。〈解説〉梯久美子
207074-5

い-131-1
**真珠湾までの経緯** 海軍軍務局大佐が語る開戦の真相
石川信吾
太平洋戦争へのシナリオを描いたとされる海軍軍人が語る日米開戦秘話。日独伊三国同盟を支持し対米強硬を貫いた背景を検証。初文庫化。〈解説〉戸髙一成
206795-0

い-134-1
**リデルハート** 戦略家の生涯とリベラルな戦争観
石津朋之
平和を欲するなら戦争を理解せよ。「間接アプローチ戦略」「西側流の戦争方法」など戦略論の礎を築いた二十世紀最大の戦略家、初の評伝。
206867-4

各書目の下段の数字はISBNコードです。978－4－12が省略してあります。

か-56-7
**社長のためのマキアヴェリ入門**　鹿島　茂
マキアヴェリの『君主論』の「君主」を「社長」と読み替えると超実践的なビジネス書になる！　現代の君主＝社長を支える実践的な知恵を引き出す。〈解説〉中條高徳
204738-9

と-35-1
**開戦と終戦**　帝国海軍作戦部長の手記　富岡定俊
作戦課長として対米開戦に立ち会い、作戦部長として戦艦大和水上特攻に関わった軍人が、日本海軍の作戦立案や組織の有り様を語る。〈解説〉戸高一成
206613-7

の-16-1
**慟哭の海**　戦艦大和死闘の記録　能村次郎
世界最強を誇った帝国海軍の軍艦は、太平洋戦争を通じてわずか二度目の出撃で轟沈した。生還した大和副長が生々しく綴った手記。〈解説〉戸高一成
206400-3

は-68-1
**大東亜戦争肯定論**　林　房雄
戦争を賛美する暴論か？　敗戦恐怖症を克服する叡智の書か？「中央公論」誌上発表から半世紀、当時の論壇を震撼させた禁断の論考の真価を問う。〈解説〉保阪正康
206040-1

ほ-1-1
**陸軍省軍務局と日米開戦**　保阪正康
選択は一つ——大陸撤兵か対米英戦争か。東条内閣成立から開戦に至る二カ月間を、陸軍の政治的中枢である軍務局首脳の動向を通して克明に追求する。
201625-5

カ-8-1
**文明と戦争（上）**　人類二百万年の興亡
アザー・ガット　石津朋之／永末聡／山本文史 監訳　歴史と戦争研究会 訳
人間はなぜ戦うのか？　人類共通の自然現象？　文化が発明したものか？　上巻は、戦う動機を進化論の観点から探り、部族間から国家間へと進化した戦争を分析。
207275-6

カ-8-2
**文明と戦争（下）**　人類二百万年の興亡
アザー・ガット　石津朋之／永末聡／山本文史 監訳　歴史と戦争研究会 訳
国家の勃興、火薬の発明によって戦争はいかに変化したのか？　下巻は軍事革命による戦いの規模と形態の変化を分析、総力戦に至った近代の戦争を検証する。
207276-3

キ-6-1
**戦略の歴史（上）**
ジョン・キーガン　遠藤利國 訳
先史時代から現代まで、人類の戦争における武器と戦術の変遷と、戦闘集団が所属する文化との相関関係を分析。異色の軍事史家による戦争の世界史。
206082-1

キ-6-2
**戦略の歴史（下）**
ジョン・キーガン
遠藤利國 訳
石・肉・鉄・火という文明の主要な構成要件別に「兵器と戦術」の変遷を詳述。戦争の制約・要塞・軍団・兵站などについても分析した画期的な文明と戦争論。
206083-8

ク-6-1
**戦争論（上）**
クラウゼヴィッツ
清水多吉 訳
プロイセンの名参謀としてナポレオンを撃破した比類なき戦略家クラウゼヴィッツ。その思想の精華たる本書は、戦略・組織論の永遠のバイブルである。
203939-1

ク-6-2
**戦争論（下）**
クラウゼヴィッツ
清水多吉 訳
フリードリッヒ大王とナポレオンという二人の名将の戦史研究から戦争の本質を解明し体系的な理論化をなしとげた近代戦略思想の聖典。〈解説〉是本信義
203954-4

ク-7-1
**補給戦** 何が勝敗を決定するのか
M・v・クレフェルト
佐藤佐三郎 訳
ナポレオン戦争からノルマンディ上陸作戦までの戦争を「補給」の観点から分析。戦争の勝敗は補給によって決まることを明快に論じた名著。〈解説〉石津朋之
204690-0

サ-8-1
**人民の戦争・人民の軍隊** ヴェトナム人民軍の戦略・戦術
グエン・ザップ
眞保潤一郎
三宅蕗子 訳
対仏インドシナ戦争勝利を決定づけたディエン・ビエン・フーの戦い。なぜベトナム人民軍は勝利できたのか。名指揮官が回顧する。〈解説〉古田元夫
206026-5

シ-10-1
**戦争概論**
ジョミニ
佐藤徳太郎 訳
19世紀を代表する戦略家として、クラウゼヴィッツと並び称されるフランスのジョミニ。ナポレオンに絶賛された名参謀による軍事戦略論のエッセンス。
203955-1

タ-10-1
**諜報の技術** CIA長官回顧録
アレン・ダレス
鹿島守之助 訳
兄の国務長官ジョンと冷戦外交を主導、スエズ動乱、朝鮮戦争、キューバ危機、U2事件から対KGB諜略戦の実態と情報機関の在り方を問う。〈解説〉有馬哲夫
207195-7

ハ-12-1
**改訂版 ヨーロッパ史における戦争**
マイケル・ハワード
奥村房夫
奥村大作 訳
中世から現代にいたるまでのヨーロッパの戦争を、社会・経済・技術の発展との相関関係においても概観した名著の増補改訂版。〈解説〉石津朋之
205318-2

各書目の下段の数字はISBNコードです。978－4－12が省略してあります。

マ-2-4
**君主論 新版**
マキアヴェリ
池田 廉 訳
「人は結果だけで見る」「愛されるより恐れられるほうが安全」等の文句で、権謀術数の書のレッテルを貼られた著書の隠された真髄。〈解説〉佐藤 優
206546-8

マ-10-1
**疫病と世界史（上）**
W・H・マクニール
佐々木昭夫 訳
疫病は世界の文明の興亡にどのような影響を与えてきたのか。紀元前五〇〇年から紀元一二〇〇年まで、人類の歴史を大きく動かした感染症の流行を見る。
204954-3

マ-10-2
**疫病と世界史（下）**
W・H・マクニール
佐々木昭夫 訳
これまで歴史家が着目してこなかった「疫病」に焦点をあて、独自の史観で古代から現代までの歴史を見直す好著。紀元一二〇〇年以降の疫病と世界史。
204955-0

マ-10-3
**世界史（上）**
W・H・マクニール
増田義郎
佐々木昭夫 訳
世界の各地域を平等な目で眺め、相関関係を分析しながら歴史の歩みを独自の史観で描き出した、定評ある世界史。ユーラシアの文明誕生から紀元一五〇〇年までを彩る四大文明と周縁部。
204966-6

マ-10-4
**世界史（下）**
W・H・マクニール
増田義郎
佐々木昭夫 訳
俯瞰的な視座から世界の文明の流れをコンパクトにまとめ、歴史のダイナミズムを描き出した名著。西欧文明の興隆と変貌から、地球規模でのコスモポリタニズムまで。
204967-3

マ-10-5
**戦争の世界史（上）技術と軍隊と社会**
W・H・マクニール
高橋 均 訳
軍事技術は人間社会にどのような影響を及ぼしてきたのか。大家が長年あたためてきた野心作。上巻は古代文明から仏革命と英産業革命が及ぼした影響まで。
205897-2

マ-10-6
**戦争の世界史（下）技術と軍隊と社会**
W・H・マクニール
高橋 均 訳
軍事技術の発展はやがて制御しきれない破壊力を生み、人類は怯えながら軍備を競う。下巻は戦争の産業化から冷戦時代、現代の難局と未来を予測する結論まで。
205898-9

マ-16-1
**クーデターの技術**
クルツィオ・マラパルテ
手塚和彰
鈴木 純 訳
いかに国家権力を奪取し、いかにそれを防御するかについて歴史的分析を行うとともに、引き起こす人間の人物論や心理状態の描写も豊富に含んだ古典的名著。
206751-6